"Decretando milagros"
Una obra de los Hermanos Pancardo

Derechos reservador conforme a la ley.
www.hermanospancardotienda.com

Ninguna parte de esta publicación podrá ser reproducida o transmitida de cualquier forma, o en cualquier medio electrónico o mecánico, incluyendo fotocopiado, audio, etc.., sin autorización por escrito del editor titular del Copyright.

CONTENIDO

CAPÍTULO 1. El subconsciente no entiende las bromas.. 25

CAPÍTULO 2. "Los Decretos deben hacerse siempre en positivo"... 49

CAPÍTULO 3. DECRETOS DE ABUNDANCIA, éxito, prosperidad, riqueza y dinero.................... 59

CAPÍTULO 4. Decretos de Felicidad...................... 85

CAPÍTULO 5. Decretos de Amor 95

CAPÍTULO 6. Decretos de Perdón.......................113

CAPÍTULO 7. Decretos de Sabiduría...................117

CAPÍTULO 8. Decretos de Fe...............................125

CAPÍTULO 9. Decretos de Pérdidas....................133

CAPÍTULO 10. Decretos de Deudas....................141

CAPÍTULO 11. Decretos de Ventas.....................147

CAPÍTULO 12. Decretos de Entrevistas de trabajo 153

CAPÍTULO 13. Decretos de Destino Divino........157

CAPÍTULO 14. Decretos de Salud 165

CAPÍTULO 15. Decretos de temas variados 177

CONCLUSIÓN: 189

Es nuestro deseo y bendición que para toda persona que lea esta obra, sus decretos y afirmaciones se conviertan en milagros palpables en su vida en el nombre de Dios, así sea.

Durante muchos años los Hermanos Pancardo hemos impartido conferencias, talleres y seminarios a lo largo de México, Estados Unidos y Latinoamérica.

Se dice que nuestros éxitos se basan en poner en práctica siempre la ley de la atracción, así como los decretos y afirmaciones poderosos que aprendimos durante nuestra etapa de lucha y perseverancia por nuestros sueños.

Logramos después crear nuestras propias afirmaciones y decretos, así como tratamientos que han ayudado a millones de personas a través de videos, reflexiones canciones y eventos en vivo.

En esta vida todos hemos sido dotados con el don de ser creadores con Dios y con el universo.

Somos los arquitectos de nuestro propio destino, una frase que seguramente ya has escuchado en algún lugar.

Sin embargo, muy pocas veces ponemos la atención necesaria para darnos cuenta de que en nuestras manos está el paraíso, pero también está el dolor y el sufrimiento.

Con esta obra, los Hermanos Pancardo pretendemos que comprendas desde el fondo de tu corazón, ese poder creativo que tienes para que lo pongas en práctica todos los días de tu vida.

También que ayudes a las personas que más amas para que sus vidas se transformen de forma positiva en todos los aspectos.

Si todos los seres humanos conocieran este poder, sin lugar a duda, viviríamos en un mundo con mucho más amor, alegría, abundancia y prosperidad en todos los aspectos.

Sin duda pasaríamos más tiempo creando milagros para nosotros mismos y para los demás.

Este libro te dará las herramientas suficientes para que entiendas a la perfección lo que significa un milagro y cómo lo puedes manifestar en tu vida.

Constantemente se habla de la salud física, de la salud emocional, se habla del dinero, de la abundancia y la prosperidad.

También se habla de amor y las relaciones y todo esto con la intención de que te conviertas en un creador o una creadora consciente de tu realidad.

Cuando decimos que te convertirás en una creadora o creador consciente de tu realidad, nos referimos a primero que nada aceptar que la gran mayoría de las cosas que pasan en tu vida y alrededor de tu vida, tú las has creado.

Esto es algo muy difícil de aceptar, porque nos cuesta mucho trabajo ser conscientes de que nosotros creamos la enfermedad, la angustia, la tristeza, el dolor, la pobreza en nuestras vidas.

Sin embargo, es el paso número uno para después poder crear un nuevo futuro para ti.

Si aceptas desde el fondo de tu corazón que tú eres una persona creadora en todos los aspectos, esa misma aceptación es lo que te dará la llave para empezar ahora a emocionarte y decir:

"Entonces puedo crear lo que yo desee"
"Puedo crear lo que se me ocurra"
"Puedo hacer mis sueños realidad"

Y la realidad en sí, es que esto es verdad.

"Decretando milagros", es un libro lleno de magia, de sabiduría y de espiritualidad.

Es un libro que te llevará a descubrir otros niveles de conciencia que viven dentro de ti.

Te llevará a despejar muchas de las dudas que has venido cargando desde tiempo atrás.

Con este maravilloso ejemplar, aprenderás a hacer decretos y afirmaciones que vayan totalmente de la mano con tus deseos y sueños en la vida.

Aprenderás a realizar tratamientos para conseguir milagros para ti y para tus seres queridos.

Vas a encontrar muchísimos decretos poderosos ya comprobados por miles de personas que tú también podrás utilizar para el dinero, para la abundancia, para la salud, para el amor, para las ventas, para la realización de sueños, etc.

Estos decretos han hecho milagros para miles de personas a través de los años y ahora se encuentran en tus manos listos para ser utilizados por ti con todo tu corazón, con todo tu poder creador con el que has sido dotado o dotada por el universo y por tu padre Dios.

Recuerda que este libro es creado para mentes abiertas, para personas que de verdad creen en Dios no como una religión, sino como un Dios de todo y para todos, como un Dios creativo amoroso y fiel a quien lo busca.

Es una obra creada para las personas que creen en la fuerza del universo y que saben perfectamente que su poder es parte de Dios.

Que lo puedes utilizar a tu favor porque Dios ha puesto todo esto para bien del ser humano.

Tanto tu mente, como tu imaginación, tus palabras, tus pensamientos, tu poder para actuar como si ya tuvieras algo y tu poder de atracción trabajando en conjunto con el universo, todo eso ha sido puesto a propósito por tu padre Dios para que lo utilices.

Debes entender que a pesar de que todos los seres humanos han sido dotados de estos poderes, no necesariamente significa que los utilicen.

De hecho, a nivel mundial se estima que 99 personas de cada 100 no utilizan estos poderes a su favor.

La mayoría los utiliza en su contra, sin siquiera saberlo.

El contar con estos poderes es un privilegio, pero también es una responsabilidad, por lo cual en este libro varias veces te incitaremos a nunca utilizarlos de forma negativa en contra de otras personas.

De hacerlo, esto se te puede revertir de una manera espectacularmente horrible para tu vida.

Cuando entiendas la ley de la atracción y cuando entiendas el poder de los decretos, no querrás hacer mal a los demás.

Entenderás la ley del karma y también entenderás que la vida es un Boomerang.

Entonces aprenderás que hacer el bien y desear el bien de corazón, incluso a tus enemigos, como lo decía Jesús, es la clave fundamental para que sea una vida llena de milagros y bendiciones.

"Decretando Milagros" una obra que hemos escrito con el corazón y con la sabiduría de más de 20 años de trayectoria.

Sobre todo, con toda la experiencia de haber manifestado milagros en nuestras propias vidas, algunos de los cuales encontrarás descritos en este libro.

Hagamos una promesa aquí mismo antes de comenzar a vivir esta maravillosa experiencia.

Esta promesa es que cuando termines de leer este libro, si te ha ayudado, si te ha servido, si ha cambiado tu vida en algunos aspectos, si has visto aparecer milagros y has podido manifestar tus deseos, entonces comprométete a regalarlo a alguien que sientas que lo necesita.

O si quieres conservar tu libro, entonces regalar uno nuevo a alguien a quien ames muchísimo.

Este simple compromiso activará la ley de la reciprocidad activa y el karma a tu favor, así como también la ley de la atracción al hacer una buena obra desinteresada por alguien más.

La mayor parte de la gente cree que esta vida es difícil, que es una batalla que ganar; incluso muchos influencers te han llegado a llamar guerrero, te dicen ingobernable o te dicen que eres inquebrantable, pero nada de esto es verdad.

La vida no es una batalla, la vida no es un campo de guerra donde hay que vencer a los demás.

En la vida no eres inquebrantable, más bien eres un ser humano que siente y que claro, a veces va a quebrarse.

No eres un guerrero sin sentimientos y por supuesto que no eres ingobernable, porque si lo fueras serías un robot y no es así.

Un ser humano es vulnerable, con sentimientos y emociones encontradas, con traumas desde su niñez que tienes que ir superando.

Tú eres una persona que cae y se levanta, que llora y que ríe, todo eso es verdad, pero no estás en una guerra.

La idea de estar en una batalla y querer ganar siempre, la idea de luchar contra todos y no querer ser gobernado, viene de la falsa creencia del bien y el mal.

En el espíritu infinito el mal no existe, no existen dos fuerzas, sólo existe una y es el bien y el amor.

El ser humano crea todas sus desgracias a su alrededor en el momento en el que cree que el mal existe, en el momento que cree que su vecino lo odia o lo envidia, en el momento que cree en la enfermedad, es ahí cuando todas esas cosas empiezan a surgir y aparecen en su vida.

Si logras eliminar estas falsas creencias del mal, de la envidia, de los celos, de la enfermedad, de la carencia, y en vez de ello empiezas a pensar distinto con respecto a todo, empiezas a hablar y a decretar diferente, entonces tu vida se transformará como por arte de magia.

A eso le llamamos milagro, aquello que no podemos explicar, pero sucede para bien en tu vida.

Todo lo que el hombre siembra lo cosechará, todo lo que tú con tus palabras decretas, se hará realidad para ti una y otra vez.

Si juzgas te juzgarán, si críticas no podrás evitar que los demás te critiquen, si mientes te mentirán, y si defraudas a alguien sin lugar a dudas, también te defraudarán.

Debes cuidar muchísimo lo que tienes en tu imaginación, porque de ella brotarán las cosas que después se harán realidad en tu mundo físico.

La imaginación humana es Dios mismo creando y después de la imaginación aquello que imaginaste empiezas a decretarlo, a decirlo con tus palabras, a sentirlo con tus emociones para después actuar como si ya estuviera pasando.

Eso es lo que crea tu realidad.

Todos los días, las personas sin saberlo están creando su realidad, cada vez que actúas como una persona enferma, más enfermedad atraes a tu vida.

Cada vez que actúas como una persona pobre, atraes más pobreza.

Cada vez que actúas como una persona que se exalta, que se enoja que grita, más problemas, más desesperación atraes a tu vida. Es así como funciona.

La vida es un juego muy engañoso que tiene ciertas reglas y unas de ellas es precisamente cuidar tu imaginación, tus palabras, tus decretos, tus emociones y la forma en la que actúas todos los días.

Todo lo que una persona imagina constantemente en algún momento de su vida llegará a materializarse.

Hace tiempo conocimos a un hombre que tenía muchísimo miedo de enfermarse de una enfermedad, que por cierto, era poco común, ya que se tenían pocos casos a nivel mundial como referencia.

Sin embargo, este hombre se obsesionó con esa enfermedad hasta el grado que incluso empezó a investigar cómo es que te contagiabas, qué medicina deberías tomar, así como cuáles eran sus síntomas.

Sabía todo acerca de esta enfermedad, era tanta su obsesión con este padecimiento, que incluso llegó a imaginarla. Al final terminó enfermándose de ella.

Se terminó contagiando y al poco tiempo murió a causa de esta enfermedad, todo por su imaginación retorcida, todo por haber puesto su atención en eso, hablado de eso, haber sentido la enfermedad y haber actuado como si la tuviera.

Nosotros nos hemos dado cuenta de que es preciso enfocar bien nuestra imaginación para que este juego de la vida en lugar de ir en nuestra contra, vaya a nuestro favor.

Tú puedes igual que nosotros, practicar y atraer con tu maravillosa imaginación toda la bienaventuranza que realmente tu corazón desea.

Un amor perfecto, un amor sano, buenas amistades, felicidad, alegría, dinero, prosperidad, buena salud.

Todo eso tu corazón lo desea y podemos ayudarte a que puedas atraerlo, aprender a manifestarlo y decretarlo.

El espíritu del ser humano contiene el consciente, así como también el subconsciente y el superconsciente.

El subconsciente, es un canal de energía el cual recibe instrucciones y órdenes. Por ejemplo, todo lo que piensas y todo lo que sientes constantemente se va directo a tu subconsciente y tu subconsciente simplemente lo hace realidad en tu vida.

Lo hace así, sin preguntar si es bueno o es malo, simplemente es un fiel obediente de tus sentimientos, de tus pensamientos y de tus palabras constantes.

Por ello lo que te han inculcado desde niño o desde niña, esas ideas se encuentran arraigadas en tu subconsciente y se hacen realidad una y otra vez.

Si en tu subconsciente te metieron la idea de la pobreza, siempre serás pobre.

Quizá creciste en un hogar con golpes, con gritos, donde el padre engañaba a la mamá y eso se metió en tu subconsciente.

Desde esta realidad, es muy probable que siempre atraigas hombres que te engañen que haya golpes y humillaciones, porque esa es la idea del amor en tu subconsciente.

Un ejemplo claro de cómo actúa el subconsciente es este: conocimos a un joven que desde pequeño le gustaba imitar a las personas con discapacidad.

Hacia imitaciones y se burlaba de ellas constantemente, incluso su familia creía que era muy gracioso y lo alentaban constantemente a que lo hiciera.

Imitaba tanto a las personas con discapacidad que cuando creció contrajo una enfermedad que le llevó a sufrirla.

Su subconsciente entendió que se comportaba como una persona que sufría de una discapacidad.

Pensaba como alguien discapacitado y entonces por todo esto, su subconsciente creyó que quería serlo.

Como lo dijimos arriba, el subconsciente no se da cuenta de si es bueno o malo, sólo atraerá a tu vida aquello que piensas, aquello que sientes y aquello que actúas constantemente.

El consciente ve el mundo tal cual es. Si alguien muere, ve la muerte; si hay una pandemia ve la pandemia tal cual es.

Si alguien te deja, te abandona, ve el rechazo tal cual es y así lo transmite al subconsciente y el subconsciente después lo hace realidad una y otra vez.

Por eso en nuestra mente consciente, debemos cuidar mucho lo que vemos todos los días, lo que decimos, lo que escuchamos, porque todo eso lo estamos transmitiendo diariamente a nuestro subconsciente.

El supraconsciente es el lugar donde Dios actúa, donde no hay limitaciones, donde los verdaderos deseos de tu alma se hacen realidad.

Es donde los milagros suceden, ahí donde queremos llevarte en este libro, *Decretando milagros*, por ello es que en sus páginas vamos a mostrarte cómo pasar al supraconsciente.

Comenzamos este viaje.. por ello disfruta esta lectura, pero sobre todo trata de poner en práctica cada una de las enseñanzas cada día y vuelve a leer el libro todas las veces que lo necesites.

Sucede que hay personas que logran conectar con Dios y con el universo de forma rápida y fácil y hay otras personas a quienes les cuesta un poco más.

Por ello si es necesario leer varias veces, practicar varias veces, entonces hazlo.

Bienvenido y bienvenida.

Hermanos Pancardo.

CAPÍTULO 1
El subconsciente no entiende las bromas

CAPÍTULO 1
El subconsciente no entiende las bromas

Primero queremos que comprendas a la perfección la forma en la que funciona el universo y en la que funciona Dios, así como también cómo puedes utilizarlo a tu favor.

Esto es importante antes de comenzar los capítulos de este libro donde te enseñaremos a decretar milagros en diferentes áreas de la vida como la salud, el amor, el dinero, las relaciones, los negocios, etc.

Lo anterior, porque seguramente al comenzar a leer esto te vas a dar cuenta de muchísimos errores que has cometido a lo largo de tu vida, así como también lo harás respecto de todos los errores que comete la gente a tu alrededor, comenzando por tu familia más cercana.

Al darte cuenta de todo esto, tendrás lo que llamamos un "despertar consciente", y ahora, de esta forma, podrás hacer las cosas diferente.

El subconsciente no entiende las bromas, lo que esto significa es que cada vez que tú afirmas cosas con tus palabras y te ríes de eso, el subconsciente las toma literalmente como verdades. Pongamos algunos ejemplos de esto.

Una vez una persona que tenía mucho dinero, se la pasaba gastándolo, se la pasaba en fiestas y siempre decía *"Yo voy a aprovechar mi dinero al máximo, porque muy pronto voy a terminar en un asilo todo pobre y sin que nadie me haga caso.*

La gente siempre te abandona así que antes de que eso suceda, voy a disfrutar mi dinero".

Lo que pasó posteriormente en unos años fue que terminó en un asilo en una pobreza total.

Todas las personas que estaban a su alrededor como familiares y amigos terminaron abandonándolo.

Él había escrito su destino con sus propias palabras.

Parecía que las decía en broma, siempre se reía cuando decía eso, pero el subconsciente no entiende las bromas, por ello es que todas esas palabras se grabaron en la mente divina, la cual hizo realidad su petición.

Mucha gente que es pobre siempre dice: *"Yo nací para ser pobre, como si el dinero fuera fácil de ganar".*

Hay muchos padres que les dicen a sus hijos: *"Eso no es para ti, deja de estar soñando, nosotros somos pobres"* y se ríen y se regocijan de decirlo.

Aparentemente lo dicen en broma, pero están grabando en el subconsciente de sus hijos la pobreza y con ello están destinándolos a sufrirla.

De la misma manera sucede cuando dices que estás feo o que estás fea en broma para que todos se rían y también te ríes de tus defectos y los mencionas en voz alta.

Con esto lo único que estás haciendo es grabando en tu subconsciente esos defectos para que una y otra vez aparezcan en tu vida.

Entonces, debes entenderlo: ¡Jamás digas cosas que no quieras que se manifiesten en tu vida, porque son decretos poderosos!

Así como puedes decretar milagros, también puedes estar decretando todos los días, la desdicha, la pobreza, la enfermedad y sin darte cuenta tú solita o tú solito estás creando ese mundo en el que vives, que por supuesto no te gusta, pero todos los días lo afirmas y lo decretas.

Afortunadamente, la ley universal de las palabras y los decretos es una ley de doble filo.

Esto significa que quizá a pesar de que lleves mucho tiempo bromeando sobre tu físico, sobre tu dinero, sobre tu salud o sobre tu trabajo, todo eso se puede revertir de la misma manera con palabras y con nuevos decretos poderosos.

Jesucristo siempre afirmó: *"Por tus palabras serás bendecido o por tus palabras serás juzgado".*

Jesús sabía perfectamente que el pez por su boca muere. Esto significa que con tus palabras puedes crear un paraíso alrededor de tu vida o puedes crear un mundo hostil.

A partir de que estás leyendo este libro eso será tu decisión consciente. Esto porque te enseñaremos a decretar milagros poderosos, también a transformar la forma en la que hablas, en la que piensas, en la que sientes, así como la forma en la que actúas.

Dios siempre está guiando al ser humano de una u otra manera como un padre bueno.

Claro ejemplo de ello es que este libro ha llegado a tus manos, por alguna extraña razón y esa extraña razón es Dios hablándote y tratando de impactarte de tal manera que tu vida se transforme a una vida positiva y feliz y en abundancia en todos los aspectos.

Este es un mundo abundante, hay dinero, salud y amor para todas aquellas personas que quieran aprender a manifestarlo.

Dios nos ha dado libre albedrío, por lo tanto puedes manifestar desdicha o puedes manifestar milagros.

A través de nosotros, los Hermanos Pancardo como un instrumento de Dios, hemos llegado ahora hasta tus manos a través de esta maravillosa obra que ha sido inspirada precisamente por Dios y por el universo para ayudar a miles de personas a decretar una vida diferente.

Entonces el subconsciente es literal, eso significa que todo lo que le digas a tu subconsciente, lo va a tomar como verdadero.

Si una persona se levanta todos los días, mira el espejo y se dice que es una persona bella, si se dice *"Soy una persona valiosa",* si dices *"Yo siempre estoy manifestando milagros en mi vida", "siempre tengo buena suerte en todo",* si lo hace constantemente y lo repite con fe por un tiempo determinado, su subconsciente lo va a creer como una verdad.

¿Por qué es así? porque tu subconsciente lo toma todo literal, tu subconsciente no entiende si eso que estás diciendo está pasando o no, simplemente te escuchará y en un tiempo lo hará realidad para ti.

Por lo tanto, si miras a tu alrededor, toda la realidad, ahora la estás manifestando porque en esta vida tú la has repetido constantemente y tu subconsciente te lo creyó de tal manera que ahora lo manifiesta.

Te creyó que eres pobre y por lo tanto, eres pobre, te creyó que es difícil encontrar un amor verdadero y por lo tanto no lo encuentras.

Te creyó que estás enferma, que estás enfermo, te creyó porque fuiste al doctor y te dijo que tienes una enfermedad, tú le creíste al doctor y luego tu subconsciente te lo creyó y ahora hace realidad esa enfermedad en tu vida.

Eso es todo lo que pasa. Eso es todo lo que es, todo es absolutamente mental.

Ahora que sabes esto y a partir de hoy queremos creer que vas a tratar de impactar a tu subconsciente de forma diferente, vas a empezar desde el día de hoy a hablarte de manera distinta.

Vas a empezar a partir de hoy a tratar de pensar diferente porque tú entiendes a la perfección que tu subconsciente es el que está escuchándote todo el tiempo.

Lo hace incluso cuando duermes; es más ¡cuando duermes es cuando más te escucha! Y por ello aquí viene una gran enseñanza para ti:

Ten mucho cuidado con las últimas ideas que llevas en tu mente a la hora de dormir, con los últimos cinco minutos, porque eso tu subconsciente lo va a tomar literal y al

siguiente día intentará hacerlo realidad en tu vida.

Antes de dormir, ten mucho cuidado si estás viendo programas agresivos, si estás viendo las noticias negativas en la televisión.

Si te vas a dormir después de haber peleado con tus hijos o con tu pareja, si te vas a dormir pensando en tus problemas económicos o en que estás enferma o enfermo, estás diciéndole a tu subconsciente quiero más de esto en mi vida.

Tu subconsciente por la noche trabaja muy fuerte para hacer eso realidad, por es razón es que debes cuidar lo que piensas los últimos cinco minutos antes de dormir.

Es por eso que se recomienda escuchar afirmaciones positivas previo al sueño y se recomienda tener un ritual nocturno con incienso, con un masaje.

Procura ciertos ejercicios que te relajen, usa música tranquila, así como todo lo que te lleve a un estado de alegría y de paz, porque tu subconsciente al otro día, tratará de hacerlo realidad.

Incluso hay ejercicios muy poderosos de gratitud donde los últimos cinco minutos antes de dormir te pones en tu mente a pensar y agradecer todo lo bueno que te pasó en ese día.

Buscas en tu mente el recuerdo de lo más bonito de ese día en específico y lo vuelves a revivir para dormirte con esa sensación.

Eso para que tu subconsciente entienda que estás viviendo cosas hermosas, que te están sucediendo ahora milagros, para que tu subconsciente al otro día quiera conectar con Dios y traer más milagros y más bendiciones para ti.

En resumen es importante que entiendas que todo lo que dices, todo lo que piensas y todo lo que sientes, es literal para tu subconsciente.

Por lo tanto, cuando una persona empieza a actuar y hablar diferente está decretando una nueva vida.

También esto es como una actuación de Hollywood.

Por ello te invitamos en este momento a que pares de leer este libro, agarres una hoja de papel y empieces a escribir un nuevo personaje para ti, para tu vida.

Este personaje tú lo puedes crear justo como tú lo desees.

Puedes decidir que es una persona que se levanta temprano, que hace ejercicio, que come bien, que le gusta leer libros, que le gusta asistir a retiros y conferencias.

Puedes escribir que es una persona fuerte, que sabe decir que no.

Puedes escribir, que es una persona que siempre manifiesta amor y dinero en su vida.

Puedes escribir lo que tú quieras y después vamos a estudiar ese papel porque vas a actuar como si fueras ese actor o esa actriz de Hollywood de tu propio papel que has creado.

Que el resultado de ese papel que has escrito sea todo un éxito y tú te conviertas en esa persona, depende absolutamente de ti.

De cuánto lo practiques, de cuánto lo leas, de cuánto te comportes así en tu vida cotidiana.

Lo puedes ir modificando las veces que quieras, porque tú eres el creador y la creadora de la actuación de tu vida.

Después tienes que hacerlo con todo el corazón, debes creer que tienes el poder para crear en tu realidad ese nuevo personaje que eres tú misma o tú mismo.

Lo que la mayoría de la gente no entiende es que ellos han creado un papel de cómo son y así se comportan todos los días y esperan resultados diferentes.

Esperan que Dios los escuche, esperan tener más dinero, esperan tener amor, pero su papel, ese papel que han creado para así mismos, no tiene nada que ver con lo que desean.

Por desgracia aceptas ese papel desde que eres niño, desde que eres niña y conforme vas creciendo, sigues actuando como esa niña humilde, como esa niña pobre, como esa niña a la que criticaban.

Actúas como esa niña a la que no querían sus padres, o ese niño a quien que las niñas lo rechazaban. Sigues actuando de esa manera, confirmando todos los días tu papel al universo y a Dios.

Por lo tanto tus resultados son acordes a ese papel que sigues, a ese papel que te empeñas en actuar todos los días.

La gente que no ha leído este libro, todos los días está creando su desgracia porque ha diseñado una forma de ser, una forma de actuar y una forma de pensar.

Pero tú que estás aquí, leyendo estas líneas, queremos que te sientes y a partir de estos principios puedas crear un nuevo personaje de ti misma o de ti mismo.

Eso que siempre has deseado.

Escríbelo sin miedo.

Léelo todos los días y empieza actuar como ese personaje hasta que suceda, algo que podría darse en 3, 4, 5 meses o quizá pueda suceder en 1, en 2 o en 3 años.

No podemos asegurarlo con exactitud.

Lo que sí te podemos asegurar que si no te cansas de trabajar en ese personaje, de actuarlo todos los días, va a suceder tarde o temprano en tu vida real, porque es así como funciona el subconsciente.

El subconsciente todo lo entiende literal, por ello si yo me estoy comportando como una persona, famosa terminaré siendo famoso.

Si me estoy comportando como una persona que tiene salud, terminaré teniendo salud.

Esto es así porque todo se comienza fingiendo, pero el subconsciente no entiende si es mentira, o es verdad.

Entonces tu único trabajo es actuar, fingir el tiempo suficiente con el corazón y con el amor necesarios.

Es importante que entiendas cuál es la fórmula mágica para no tener sentimientos tan negativos:

"Cuando dejas de culpar a otros"

La culpa es la clave para ser infelices, la culpa es el pretexto perfecto para ser víctimas.

"Por culpa de mis papás soy así".

"Mi jefe tiene la culpa de que me sienta así".

Dices: *"Si supieras lo que me hace sentir mi pareja Sergio, te darías cuenta de que él tiene la culpa de todas mis desgracias".*

¡No, no, no 🤚 no y no 🤚!

La culpa hacia otros es la trampa más terrible 😔 en la que puedes llegar a caer .. porque no hay nada más simple que culpar a todo y a todos de tu desgracia.

Lo realmente valioso es cuando tú entiendes la siguiente frase:

¡Yo soy responsable!

Cada vez que sientas que todos tienen la culpa di: ¡Yo soy responsable!

Yo decidí estar con esta persona, yo decidí trabajar aquí, yo decidí vivir aquí, yo soy responsable.

Yo decidí comer muchas porquerías por eso estoy subida de peso, yo decidí seguir aguantando a esta persona y por eso me siguen humillando.

Es decir, cuando te das cuenta que eres libre de decidir entonces ahora sí estás en la posibilidad de manejar tu destino, tu felicidad o tu infelicidad con la ley de atracción que está funcionando en todo momento de la cual ya hemos hablado y seguiremos hablando todo este libro.

Cuando te das cuenta de que tú eres responsable de todo, es cuando tus decretos empiezan a funcionar y es cuando los milagros aparecen en tu vida.

Cada vez que quieras quejarte de algo o de alguien di:

"Yo soy responsable, soy responsable de sentirme como yo quiera sentirme"

No soy responsable de que alguien me gane el lugar de estacionamiento, pero si soy responsable de no enfadarme por eso y de buscar otro lugar, o simplemente caminar un poco más.

Si comprendes esto tu vida va a transformarse ya que la ley de atracción nos dice:

"Sentimientos y emociones positivas atraen personas y circunstancias positivas a tu vida"

Cuando tú te haces responsable, entonces te darás cuenta de que por culpar a los demás de todo mantenías vivas las emociones negativas las cuales desaparecen cuando sabes que eres responsable y puedes cambiarlo todo.

Medítalo lentamente.

Una vez que logras que tus emociones sean positivas la mayoría del tiempo, es cuando puedes enfocar tus pensamientos hacia una vida diferente, es cuando tus decretos realmente vienen de lo más profundo de tu corazón, del poder de Dios y del universo que hay dentro de ti.

Tú eres un ser grandioso y divino, por ello este día solo trata de agradecer. No importa si estás en soledad, con alguien más, con dinero o sin dinero, con hijos o sin ellos.

Todo eso que está afuera, solo son complementos, tú eres grande por el hecho de ser y de estar aquí.

Si tan solo te enfocaras en todo lo que has logrado, te creerías una verdadera Diosa, un verdadero Dios y ¡¡En realidad lo eres!!

Enfócate hoy en esa gran Diosa que eres, siéntete así, vístete así, llama a quien amas, haz un poco de ejercicio, conecta con la naturaleza un momento, pero enfócate en ti.

Abrázate y adórate, porque eres lo máximo.

Empieza a desempeñar un papel diferente a partir de hoy en tu vida, ese papel de la persona que realmente siempre has querido ser en el fondo de tu corazón, pero que al día de hoy no te has atrevido a representar.

Simplemente compórtate así. Tal vez has carecido todos estos años porque los demás te dijeron que eso estaba mal, que eso no era para ti, porque de niño o de niña de humillaron.

Porque creciste con personas con carencias en su mente e ideas limitantes, porque las personas que te educaron traían mucho dolor y lo desquitaron contigo, etc.

Sea lo que sea que te haya pasado, ¡olvídalo!

Porque eso que te dijeron no es verdad, así que hoy empieza a comportarte de una manera diferente, empieza a decirle al universo y a Dios con tus hechos, con tus acciones y con tu nueva forma de ser, que tú has cambiado

Cada vez que leas este libro, cada vez que leas estos decretos y cada vez que hagas estos ejercicios, siéntate en rectitud, toma una taza de café o una taza de té.

Busca un lugar tranquilo, pon música relajante de fondo y mientras lees este libro siéntete maravillosamente en bendición.

Siéntete bendecido por la inteligencia divina, adorado y amado por Dios.

Siéntete un hijo o una hija privilegiada del universo y simplemente sonríe porque todas las bendiciones y los milagros están trabajando en el plano espiritual, para hacerse realidad en tu vida.

CAPÍTULO 2
Los Decretos deben hacerse siempre en positivo

CAPÍTULO 2
Los Decretos deben hacerse siempre en positivo

Nuestros decretos pueden ser positivos o negativos, pero en este caso, obviamente queremos enfocarnos en los decretos positivos.

Algunos ejemplos de decretos negativos son, por ejemplo las brujerías o las maldades que te intentan hacer otras personas, estas personas llamados brujos, chamanes, etc.

Son personas que saben utilizar la energía a su favor, y también el poder de los decretos, pero para mal.

Obviamente lo que se puede utilizar para bien también puede utilizarse para mal, por eso hay que tener mucho cuidado.

Podemos hacer algunos decretos que en lugar de traernos bien nos traigan desgracia, es por eso que en este capítulo te mostramos cómo hacer decretos en positivo.

Un Decreto positivo es por ejemplo:

"Yo soy un imán para el dinero"

Ese es un decreto que se está haciendo en tiempo presente. Dice las palabras clave y las más importantes del mundo que son "yo soy".

Además está en positivo, porque obviamente es positivo que yo tenga más dinero y que sea un imán del dinero.

También te daré un ejemplo de un decreto negativo:

"Yo nunca seré pobre"

Aunque aparentemente este decreto es parecido al anterior, en realidad no es así, porque este es un ejemplo de un decreto negativo, contrario a lo que es uno positivo.

En el mismo decreto lleva la palabra "pobre" lo que significa enfoque de nuestra mente en la pobreza.

Aparte es un decreto que no está en tiempo presente tampoco, por ello es que está totalmente mal hecho y mucha gente puede creer que el decirlo le va a traer riqueza.

La realidad es todo lo contrario, ya que al decir "yo nunca seré pobre", estás atrayendo la pobreza.

Nuestros decretos tienen que usar las palabras correctas y justas que nos hagan sentir que tenemos aquello que deseamos.

Deben estar en positivo y en tiempo presente en todo momento. No debes preocuparte mucho por eso ya que este libro está escrito de esa manera, está escrito en tiempo presente y en positivo.

Esto es así para que tú puedas tomar de aquí los decretos que consideres y sientes más en tu corazón al repetirlos.

Acuérdate que lo más importante es el sentimiento, así que sin más preámbulos, vamos a comenzar con los capítulos de los decretos en los temas más populares que la gente necesita para transformar sus vidas.

Si así lo prefieres, puedes subrayar o marcar aquellos que más te lleguen al corazón para que después comiences a aprenderlos de memoria y repetirlos constantemente en tu día a día.

Esto lo harás dependiendo de lo que a ti te interese más hoy, ya que seguramente algunas personas que están leyendo este libro lo han comprado porque quieren decretar más abundancia y riqueza en sus vidas.

Algunos lo han comprado porque quieren amor, una pareja, o algunos, incluso porque quieren que su ex pareja regrese.

La verdad es que la razón por la que lo has comprado no es lo que más importa.

Lo importante es que vas a encontrar decretos poderosos para cada uno de los temas que más te interesan.

Recuerda por último que una vez que empieces a decretar abundancia, prosperidad, amor, alegría, entusiasmo, felicidad, salud, dinero, una pareja, relaciones amorosas, etc., tu cerebro va a empezar a tener cambios significativos y muy fuertes.

Seguramente mucha gente a tu alrededor te dirá que estás loca o loco, que eso no sirve para nada, que para tener dinero hay que trabajar fuerte, que para tener salud hay que cuidarse mucho y hacer dietas, etc.

Lo que esas personas no han comprendido es que cuando empiezas a trabajar con decretos positivos en tu vida, todo cambia.

Cambia tu forma de hablarle al mundo.

Cambia a positivo tu forma de comunicarte con Dios y con el universo a través de la oración y es cuando tu vida se transforma y te orilla a ser mejor.

Son esos mismos decretos los que te empujan a comer bien.

Te empujan a valorarte, amarte y entonces cuando tú te valoras, por supuesto que llega una mejor pareja.

Son esos mismos decretos los que mantienen tu entusiasmo, tu alegría y tu vibración en alta frecuencia y los que hacen que tengas salud y más dinero.

¡En realidad todo comienza
con los decretos!

Así que de ninguna manera te dejes llevar por las opiniones de los demás que no entienden este gran poder que Dios nos ha brindado a los seres humanos.

CAPÍTULO 3
DECRETOS DE ABUNDANCIA, éxito, prosperidad, riqueza y dinero

CAPÍTULO 3
DECRETOS DE ABUNDANCIA, éxito, prosperidad, riqueza y dinero

Una de las claves para tener abundancia, riqueza y prosperidad en nuestras vidas es ser agradecidos en una forma incluso irracional.

Es decir, ser agradecidos en una forma explosiva con todo lo que tenemos, ya que cuando somos agradecidos de esta forma, estamos multiplicando al mismo tiempo eso que tenemos con nosotros.

La riqueza, la abundancia, la prosperidad se multiplican en tus manos, cuando tú bendices ese único dólar o ese único peso que tienes.

Caso contrario, cuando te quejas de no tener dinero, cuando a todo el mundo se lo dices, cuando hablas de que vives en pobreza, que la riqueza es difícil de ganar y que los ricos son malos o que el dinero es malo.

Entonces en ese momento estás cavando tu propia tumba y toda la pobreza, toda la carencia vendrá a tu vida como un torrente de agua imparable.

Así que es importante comprender antes de entrar a los decretos de abundancia, que tienes que bendecir para multiplicar.

La realidad es así, no me importa cuánto dinero tienes ahora en tu cuenta de banco.

Lo que tienes en este momento, en este preciso instante que estás leyendo estas líneas.

Ahora tienes que cerrar tus ojos y decir lo siguiente:

"Espíritu infinito, en el nombre de Dios agradezco de todo corazón este dinero que tengo, lo bendigo y lo multiplico en el nombre del señor a través de las fuerzas del universo"

Repite lo que acabamos de escribir aquí arriba, repítelo una y otra vez hasta que sientas en tu corazón que de verdad estás agradecido o agradecida con ese dinero que tienes.

No veas lo que no tienes, pon toda tu atención y toda tu energía en lo que sí tienes y bendícelo.

Además de eso, otro ejercicio fundamental que tienes que hacer para que tus decretos de abundancia, riqueza y prosperidad funcionen, es que a partir de hoy, a partir de que estás leyendo este libro, cada vez que hagas un pago en una tienda, o un pago a alguna persona, cada vez que el dinero salga de tus manos, en tu mente, debes imaginar rápidamente lo siguiente:

"En el nombre de Dios, todo el dinero que sale de mis manos, regresa siempre a mí multiplicado"

Estarás multiplicando el dinero de formas que no podrías imaginar si simplemente repites este mantra o decreto en tu mente cada vez que pagues en el súper, cada vez que pagues la renta, cada vez que pagues una mensualidad de tu automóvil, cada vez que le des dinero a tus hijos, a tu pareja, cada vez que salga dinero de ti.

Cuando tengas dinero en tus manos, aprovecha para tocarlo para sentirlo para sentir la abundancia y la riqueza que también es para ti, que también te la mereces.

Aprovecha para bendecirlo, tómalo entre tus manos y di:

"Espíritu infinito, bendigo este dinero y lo multiplico en mis manos"

Cada vez que tú recibas dinero a partir de hoy, a partir de qué estás leyendo este libro de los Hermanos Pancardo, tú tienes que decir en tu mente:

"Gracias Dios mío por este dinero que llega a mí de forma mágica, maravillosa y por los caminos correctos"

Practica estos decretos que te acabamos de compartir contigo.

Esto es necesario ya que no es fácil constuir un hábito en tu vida de un día para otro.

Decretando Milagros

Por ello haz el reto de repetir esto constantemente cuando recibes dinero y también cuando das tu dinero.

Apréndetelos de memoria a tal grado que sean parte de ti.

Llena tu subconsciente de ellos de tal manera que cuando entregues tu dinero lo hagas ya sin pensarlo, que rápidamente tu mente repita ese decreto y esa frase que sea un hábito para tu vida para cuando recibas dinero y cuando lo entregues.

Anota los mantras y los decretos que pusimos arriba y repite hasta que se hagan parte de ti.

Cuándo tengas poco dinero, realiza un acto de fe.

Esto significa que si tienes dos dólares regala uno de ellos a alguien que lo necesite con mucho amor y mucha alegría sabiendo que se devolverá a ti multiplicado.

Un acto de fe cuando nadie lo espera es muy poderoso ya que una persona que tiene SOLO dos dólares no querrá malgastarlos, sino al contrario querría estirarlos lo más posible,

Sin embargo, cuando tú entiendes la ley de la atracción y cuando entiendes los decretos sabes que es una gran oportunidad para poner a prueba tu fe.

De todas maneras tienes sólo dos dólares. Tener dos dólares o un dólar es básicamente lo mismo.

Sin embargo, si uno de esos dos dólares lo regalas o lo donas a alguien que lo necesite también como tú y lo bendices en el nombre de Dios y decretas:

"Este dólar que sale de mis manos regresa a mí multiplicado por 10 o por 100"

Te aseguramos que sucederá un milagro.

Has compartido en lo poco y cuando has compartido en lo poco Dios y el universo, te darán mucho más para compartir.

Hay dos palabras fundamentales en los decretos de abundancia, riqueza y de éxito. Esas palabras son: **colmada y repleta,** puedes decir, por ejemplo:

"Gracias Dios mío porque mi cartera está llena de dinero de todas las denominaciones"

También puedes decir:

"El espíritu infinito ha colmado de abundancia todas mis cuentas bancarias, las veo repletas y llenas de dinero"

Acabamos de mencionarte dos de los decretos más poderosos de riqueza, de abundancia y de prosperidad. Esto debido a que contienen dos palabras espectacularmente poderosas.

Utilízalas a tu favor, utilízalas con amor. Si quieres simplemente aprende esas dos palabras o esos dos decretos y comenzarás a ver milagros en tu dinero.

Así es como lo verás multiplicarse por todos lados porque son palabras que se han utilizado desde la antigüedad por los grandes sabios y por las personas que conocen el secreto de la riqueza, del dinero y del éxito.

Tienes que entender que ante el espíritu divino y ante Dios la carencia no existe, la pobreza no existe.

Estas dificultades han sido creadas por los seres humanos y por la falsa idea de creer en el bien y en el mal, porque el mal no existe, sólo existe el bien.

Sólo existe el amor, sólo existe la abundancia y la riqueza.

Jesucristo lo dijo: *"Cuando conozcas la verdad, la verdad te hará libre"* y estamos haciéndolo en este libro los Hermanos Pancardo al decirte que no existe la carencia, ni la pobreza.

Esa es la verdad y con esa verdad pretendemos liberarte de ese pensamiento, de esa idea, de esa falsa creencia.

En el momento en el que entiendas que sólo existe la riqueza, la abundancia y que eres merecedor o merecedora de ella, en ese preciso momento en tu vida empezará a haber solamente riqueza, abundancia, prosperidad y éxito.

El requisito es que tienes que creerlo desde el fondo de tu corazón, tiene que ser una verdad para ti.

Déjanos decirte que las personas que ves a tu alrededor que tienen riqueza, abundancia, prosperidad y éxito es porque antes de tenerla lo han creído en el fondo de su corazón.

Seguramente has visto personas que tenían una fortuna, que por alguna extraña razón la perdieron y en muy pocos meses volvieron a recuperarlo todo.

Esto sucede porque dentro de su corazón ellos saben la verdad y la verdad es que sólo existe la riqueza, la abundancia y la prosperidad.

Si esto es un poco difícil de creer para ti simplemente sal a la calle y observa los edificios, observa las personas, observa los autos, observa el dinero.

Fíjate con atención en los bancos, observa los supermercados, las tiendas de lujo. El dinero está allí por doquier.

La abundancia está ahí, la prosperidad está ahí, cientos y miles de personas exitosas están ahí, sólo tienes que comenzar a creerlo en tu corazón para que también esté ahí para ti.

Una vez que te sientas en sintonía con el dinero, con el universo, con Dios, con la abundancia y con la riqueza, tienes que hacer caso a tus presentimientos.

Esto porque cuando empieces con estos decretos vendrán a tu mente presentimientos e ideas que debes llevar a cabo.

Por ejemplo, cuando estás en total calma y en sintonía sientes la abundancia, agradeces y bendices y estás repitiendo tus decretos es cuando una gran idea puede llegar a tu mente.

Esa idea puede llevarte a tener mucho dinero, abundancia y éxito y tienes que hacer caso a esos presentimientos.

Una mujer estudiante con nosotros estuvo haciendo sus decretos durante un par de meses, se sintió relajada, bendecida por todo lo que tenía en su casa y de repente tuvo la idea de poner una pastelería.

Ella sabía hacer pasteles, pero nunca lo había pensado, nunca se había atrevido, siempre había creído que fracasaría.

Esta vez fue diferente, todos los días tenía el pensamiento de poner esa pastelería como si Dios o el universo le dijera *"¡Tienes que ponerla!"*.

Ella hizo caso a su presentimiento, a su buena vibración y decidió poner la pastelería con amor, con tranquilidad, sin esperar hacerse rica, sin esperar que la pastelería le diera mucho dinero.

Simplemente lo hizo por pasión, hizo los pasteles lo mejor que pudo y esa pastelería en un tiempo corto se hizo muy exitosa, al grado de que hoy en día tiene más de siete sucursales.

Esa mujer es extraordinariamente abundante y exitosa por haber hecho caso a un presentimiento, por haberlo hecho con fe, con calma y en el momento correcto.

Cuando algo viene de Dios y del universo, todo se da maravillosamente y mágicamente por los caminos correctos.

Olvidamos mencionar que esta señora no tenía dinero para abrir ese negocio.

Sin embargo, una vez que se decidió a abrirlo todas las puertas, todas las oportunidades también se abrieron y el dinero y todo lo necesario llegó a sus manos de manera maravillosa, de diferentes fuentes para que esa pastelería pudiera hacerse realidad.

"Dios es mi proveedor de toda abundancia y riqueza y con Dios a mi lado siempre tengo de sobra".

"El espíritu infinito y el universo están trabajando a mi favor".

"Soy rico. Soy exitoso. Soy feliz".

"El dinero fluye a mí de manera fácil y por los caminos correctos y en el momento perfecto de Dios".

"Todos los días estoy recibiendo dinero en mis cuentas bancarias".

"Yo soy un imán para el dinero. Yo soy abundancia pura".

"Yo atraigo dinero, abundancia, riqueza y prosperidad, porque yo soy dinero, abundancia, riqueza y prosperidad".

"Yo siempre tengo éxito en todo lo que emprendo, soy como el rey midas todo lo que toco lo convierto en oro".

"A partir del día de hoy todo el dinero que está destinado por el universo y por Dios para mí, llega de forma fácil y por los caminos correctos".

"Yo soy abundante, tengo dinero de sobra. Siempre comparto mi dinero con las personas que amo y eso lo multiplica".

"Veo montones y montones de dinero llegando a mis cuentas bancarias, es muy divertido y emocionante ver cada semana el saldo de mis cuentas crecer y crecer".

"Todo el dinero, la riqueza, la abundancia y la prosperidad que están destinadas para mí por derecho divino ahora las recibo con los brazos abiertos".

"Yo soy un ser humano lleno de gratitud, cada cosa, dinero y persona que están en mi vida lo agradezco de todo corazón y el universo lo multiplica para mí".

"En este momento, ahuyento de mí cualquier circunstancia y toda situación discordante".

"En mi mente en mi cuerpo y en mis negocios el orden divino se encuentra enraizado".

"Me encuentro aquí haciendo todas las cosas nuevas, aquello que antes consideraba un don inalcanzable llega ahora y lo imprevisto ocurre. Ahora soplan hacia mí los cuatro vientos del triunfo".

"El bienestar eterno se presenta ante mí del norte a sur y de este a oeste".

"Cristo está resucitando en mí, mi destino se consume ahora".

"Por senderos interminables el bienestar eterno llega a mí ahora. Por mi éxito total doy gracias".

"Ahora en mi mente, en mi cuerpo y en mis negocios habita el orden divino".

"Visualizo claramente, procedo con rapidez y ahora mis más grandes deseos y sueños se cumplen a través de los caminos milagrosos de Dios".

"En el plano espiritual, en el espíritu divino, no existe la competencia, por lo tanto aquello que es para mí se da de forma mágica y fácil".

"Abierta frente a mí está la puerta mágica de mi destino y no existe nadie capaz de cerrarla, siempre ha estado abierta para mí, con toda la abundancia, la riqueza y la prosperidad, esperándome".

"Del pasado me olvido, y ahora vivo en el extraordinario presente donde ante mí cada día se presentan grandes sorpresas.

"En la mente divina no existen las oportunidades desaprovechadas, si una puerta se cierra otras se abren".

"Tengo un trabajo maravilloso, tengo un negocio maravilloso que brinda un maravilloso servicio al mundo, y por ello la gente quiere darme su dinero".

"A partir de este momento se libera el gran talento que hay dentro de mí con toda la intención de ayudar a que este mundo sea mejor".

"Doy gracias a ese talento, este mundo me remunera con altas cantidades de dinero y abundancia".

"Todo lo que hay en el universo, visible o invisible, está trabajando en conjunto para mi prosperidad".

"Doy las gracias porque en el nombre de Jesucristo, en mi mente, todas las limitaciones han sido eliminadas".

"Ahora solamente pienso en abundancia, en prosperidad y en riqueza".

"Ahora me encuentro en el verdadero sendero de la riqueza y de la opulencia y de mi mano va Jesucristo, por lo tanto mi éxito está asegurado".

"Mi único trabajo es hacer bien las cosas con amor, lo mejor posible, entregar lo mejor de mí y el universo y Dios se encargarán de remunerarme con altas cantidades de dinero, opulencia abundancia, riqueza, prosperidad y felicidad".

"Dios marcha frente a mí y el éxito de esta batalla está asegurado en el nombre de Jesucristo. Todos mis enemigos han sido eliminados y apartados".

"En la mente divina no existen las dificultades, por lo tanto, no hay nada que pueda impedir mi bienestar y mi alegría".

"Ahora todas las dificultades en mi sendero se esfuman".

"En mi espíritu, en mi corazón y en mis negocios se instauran ahora la armonía, la unión y el equilibrio, terrenos desconocidos de la actividad divina se abren ante mí ahora y están a la espera de que yo siembre sobre ellos para después recoger mis frutos".

"En mi mente, en mi cuerpo y en mis proyectos, hoy se lleva a cabo la voluntad de Dios".

"Para mí, el designio de Dios se incrementa y no puede ser reemplazado. Ahora el plan divino de mi vida se configura totalmente".

"En este momento tomo como un poder invencible de la sustancia divina aquello que es mío por derecho divino".

"Toda la riqueza que por derecho divino me corresponde por ser hija o hijo de Dios ahora llega de formas insospechadas".

"Ahora mi bienestar fluye hacia mí en un caudal de éxito, felicidad y abundancia, siempre inquebrantable, continuo y aumentando".

"En mi reino no existen las oportunidades perdidas cuando una se agota otra llega de lleno".

"No hay nada que temer, pues no existe poder capaz de lastimarnos".

"Me hago a un lado y permito que la inteligencia infinita participe y haga venturoso mi camino, la tierra en la que me encuentro es una tierra bendita, la tierra en la que estoy es una tierra floreciente".

"Ahora se muestran ante mí nuevos terrenos de la actividad divina, se abren puertas insospechadas y están libres algunos accesos inesperados".

"Aquello que Dios ha hecho por los demás, también puede hacerlo por mí, incluso más".

"Soy tan importante para Dios como él lo es para mí".

"Yo soy el instrumento de Dios para que lleve su plan divino a cabo a través de mí, por eso Dios quiere que sea rico".

"El recibir viene después de el dar, por eso doy obsequios a otros en el nombre de Dios y Dios así libera grandes regalos que tiene para mí".

"Dios nunca va a fallarme por eso yo tampoco voy a fallarle a él".

"La voluntad de Dios se lleva a cabo en mis proyectos, en mis pensamientos, en mis emociones y en todo lo que hago".

"Dios es mi mayor proveedor, por lo tanto, al estar de su lado, siempre tengo de sobra, siempre soy yo a quien le piden prestado y siempre tengo para ayudar a los demás".

"En este momento libero la mina de oro que hay dentro de mí, ahora tomo lo que quiero o necesito incluso mucho más porque mi Dios es un Dios de opulencia".

"Todo aquello que por derecho divino es mío, en este momento se libera y fluye hacia mí por la gracia de los caminos milagrosos en una enorme avalancha de abundancia".

"Están despejados todos los caminos y todas las puertas se abren para que de inmediato y por siempre el plan divino me sea proporcionado, sobre un mar en calma navegan mis barcos, bajo la gracia y por los caminos milagrosos".

"Doy gracias porque por derecho divino los millones que me corresponden llegan ahora a mí y acumulan una pila enorme de abundancia y riqueza que es mía".

"Una infinita avalancha de abundancia fluye sobre mí y sobre mi familia y mis seres queridos".

"Dios es mi máximo proveedor, con Dios de mi lado nada me falta, siempre tengo de sobra".

"Gasto el dinero sin temor bajo una sabia e ininterrumpida avalancha de bendición ya que sé, en el fondo de mi corazón, que soy la hija o el hijo predilecto de Dios, por lo tanto merezco lo mejor de este mundo".

"Soy merecedor de la belleza, de la riqueza, de la abundancia y de la prosperidad".

CAPÍTULO 4
Decretos de Felicidad

CAPÍTULO 4
Decretos de Felicidad

Tal vez alguna vez has escuchado la frase: *"Si quieres ser feliz tienes que ganártelo"* bueno, pues una de las formas en las que te puedes ganar la felicidad es cuando controlas en su mayoría tus emociones.

La felicidad no puede existir donde hay miedo, dudas o pánico; los sentimientos de felicidad, de alegría y de amor vienen cuando tienes una fe perfecta en Dios.

Cuando una persona sabe que Dios está a su lado entiende que puede estar tranquila, que no necesita a nada, ni a nadie para ser feliz.

Una persona que tiene a Dios en su corazón sabe que cualquier adversidad o problema que venga a su vida será resuelto de manera perfecta y por los caminos correctos, por lo tanto ya no tiene miedo y cuando elimina su miedo es cuando la felicidad entra por la puerta grande.

Una persona que se va a dormir nerviosa y pensando en sus problemas es una persona que está totalmente alejada de Dios.

Es una persona que no entiende que justamente al dormir es cuando conectas con Dios y con tu subconsciente.

De esta forma está creando sus propias desgracias en el mundo cotidiano y lo está haciendo a través de los sueños, a través de llevar su energía negativa a la cama antes de dormir.

Eso le llena de intranquilidad, la paz se va de su vida, por lo tanto, la felicidad también se aleja.

Toda persona que alberga rencor en su corazón, deseos de venganza, ira, enojo, celos, frustración, todas esas emociones son vibraciones de las más bajas que existen en este planeta y toda persona que tiene esas vibraciones, esos pensamientos y esos sentimientos está atrayendo en todo momento y cada segundo la infelicidad a su vida.

Entonces luego van y se quejan de todo y dicen:

¿Por qué todo me sale mal?

¿Por qué soy infeliz?

La respuesta es porque tú lo has creado con tus pensamientos y con tus emociones, lo has creado cada vez que tienes celos, envidia, rencor y odio.

Siempre que vemos a una persona enferma le preguntamos ¿cuánto odio sientes por otras personas?,¿a cuántas personas envidias?

Entonces nos damos cuenta que siempre tienen dolor en su corazón, envidia y celos.

Tienen vergüenza, tienen miedo y eso, todo eso son las causas de su enfermedad, de su dolor y de su infelicidad.

Tal vez no lo sabías, pero el rencor ha separado más familias que el alcohol, el rencor y la ira han creado la mayoría de las desgracias del ser humano y las guerras por las cuales hemos atravesado.

Había una vez una mujer que era sana, bella, era hermosa por dentro y por fuera, era positiva, alegre y por estas emociones y sentimientos consiguió un buen hombre en su vida.

Eran una buena pareja, eran felices, hacían todo juntos, se querían, se amaban y se respetaban.

Pero todo esto un día de repente empezó a cambiar, porque esa mujer permitió que amigas de ella le metieran ideas sobre su pareja.

Ella empezó a dudar, empezó a tener celos, empezó a perseguirlo, empezó a creer en el mal, empezó a creer en la traición.

Fue así que en poco tiempo ella misma con sus pensamientos, sus emociones y sus celos enfermizos creó en su pareja la inseguridad suficiente como para que al final ese hombre la terminara engañando.

Te podemos asegurar que ese hombre jamás la habría engañado si esa mujer no hubiera dejado entrar en su corazón los chismes, la envidia de las amigas y sobre todo los celos enfermizos. Ella creó su desgracia, su infelicidad.

Cuando tú albergas rencor en tu corazón, celos, ira y miedo y además te avergüenzas y te sientes culpable, es cuando estás creando toda tu infelicidad tú misma o tú mismo.

Si de verdad quieres que estos decretos de felicidad funcionen en tu vida, primero tienes que hacer una limpieza interior.

Tienes que hacer una lista de todas las personas a quienes odias y les tienes resentimiento. Tienes que hacer una lista de todo aquello que te causa ira y enojo.

Un lista de todas aquellas personas por las cuales sientes celos, de todo aquello de lo cual te avergüenzas en tu vida y te arrepientes.

Después de hacer esas listas tienes que perdonar cada una de esas cosas y por último tienes que perdonarte a ti.

Cuando tu corazón ya no albergue ninguna de esas emociones y sentimientos negativos y de baja vibración es cuando tus decretos de felicidad comenzarán a funcionar.

Funcionarán muy rápido de manera efectiva, milagros aparecerán y prodigios de felicidad no se detendrán.

En tu vida habrá una avalancha de bendiciones, empezará a suceder todo esto y será inevitable. Pero primero tienes que sanar por dentro esas heridas.

Sanarlas por dentro no es tan difícil como tú lo crees, no necesitas ir a un psicólogo o a un psiquiatra.

Lo único que necesitas es una introspección, estar contigo misma, contigo mismo, en soledad, respirar lentamente, hacer meditaciones todos los días de 5 a 10 minutos donde te perdonas y perdonas a los demás.

Meditaciones donde tú misma o tú mismo te dices por ejemplo,

"Dios está conmigo, de mi lado"

"Dios me ayuda a perdonar en su nombre, entiendo que el mal no existe, el rencor no existe, los celos no existen para mí"

"A partir de hoy soy una persona que mira hacia delante con amor, con fe y con alegría"

"Disfruto mi vida, dejo que los demás sean quienes son, no intento cambiar a nadie, los acepto tal cual

son, me acepto a mí tal cual soy, pero mejoro cada día"

CAPÍTULO 5
Decretos de Amor

CAPÍTULO 5
Decretos de Amor

Normalmente cuando llega el amor de pareja a tu vida, al mismo tiempo aparecen la duda y el miedo a perder aquello que acaba de llegar a ti.

Es normal y muy común que los seres humanos cuando se encuentran muy felices con alguien a la par de ese sentimiento también tengan el miedo de perderle.

Todo esto también viene a raíz de que muchas veces has esperado demasiado tiempo para encontrar el amor, y cuando al fin lo has hecho, el miedo se instala en tu corazón y en tu mente diciéndote que fue tan difícil encontrar a esta persona que ahora no quieres perderla.

Sin embargo, este mismo miedo es el que arruina todas las relaciones amorosas que podrían haber sido exitosas.

Hablemos por ejemplo de las mujeres. Una mujer que al fin tiene al hombre que quería, es muy probable que rápidamente empiece a pensar que otra mujer quiera tenerlo.

Entonces al pensar en eso lo está comenzando a crear en su vida, es decir, con su simple pensamiento de duda Incluso de baja autoestima, de pensar que ese hombre maravilloso que ahora tiene puede fijarse en otras mujeres y pensar que ella no es suficiente para él.

Todos esos pensamientos la llevarán directo al fracaso ya que ella misma está creando que próximamente ese hombre encuentre a otra mujer que le llame su atención,

Esto ni siquiera iba a suceder si ella se hubiese enfocado en el amor y en que ese hombre la había elegido a ella y a nadie más, entonces eso habría crecido en lugar de la duda y lo celos que ella comenzó a crear en su imaginación.

Cuándo la mujer empieza a decirle a su amor que tiene a otra, que seguro le gustan otras, que ella no es suficiente y todo este tipo de ideas.

Sucede así aunque su amor se la pase explicándole y diciéndole que para él la única mujer importante es ella, ni aún así lo entenderá.

Ni aún así dejará de decir esas cosas y entonces orillará a ese hombre a que en un momento determinado busque a alguien más.

Es por ello que como mujer debes tener mucho cuidado y jamás creer que existe otra mujer que te pueda quitar lo que por derecho divino es tuyo.

Cuando tú sabes lo que te pertenece y crees que lo mereces, sabes perfectamente en el fondo de tu corazón que nadie te lo puede arrebatar porque es tuyo, Dios lo ha designado para ti.

Así que te relajas, te tranquilizas y nunca sientes inseguridad ni miedo de perder a ese hombre y por lo tanto ese hombre siente tu tranquilidad, tu paz y tu seguridad en ti misma, lo que hace que nunca quiera buscar fuera de casa porque contigo lo tiene todo.

Ahora hablemos un poco de la inseguridad que los hombres pueden llegar a sentir cuando tienen a su pareja.

En realidad un hombre inseguro siempre será celoso y posesivo y querrá controlar a su mujer en todo momento.

Bueno, esto lo único que va a ocasionar con el tiempo es que aunque la mujer lo ame y aunque la mujer solamente tenga ojos para él, terminará buscando a alguien más.

Porque los celos obsesivos del hombre terminarán hartando a la mujer y el hombre le repetirá tanto frases como que ella tiene a otro, que ella mira a otros, que ella habla con otros.

Lo repite tanto que ella al final termina haciéndolo y este hombre arruina una relación amorosa que pudo ser muy bella por el simple hecho de tener miedo de perder a la mujer, de tener miedo a que la mujer mire a otro hombre.

En resumen, si tú tienes miedo a perder a esa persona estás en camino a que así suceda, si tú tienes celos y eres obsesivo con esa persona estás en camino a perder a esa persona.

Tienes que entender una de las claves más importantes de la vida:

"Lo que es para ti es para ti y se dará de manera perfecta sin esfuerzos, sin forzar nada"

No es necesario ser celoso, no es necesario cuidar a tu pareja, porque si esa pareja es designada por Dios para ti, nunca va a traicionarte.

Si necesitas cuidar a tu pareja, si necesitas tener las claves de su celular, vigilarla porque tienes miedo que te engañe, que te sea infiel, que se burle de ti, entonces significa que esa persona no debería ser tu pareja.

Porque eso será un viacrucis interminable de dolor durante toda la vida, tener que cuidar a la pareja, que no haga cosas malas, además que la realidad es que cuando queremos hacer algo malo, siempre encontraremos la manera, por más que nos vigilen.

Así que la mayor estupidez humana es estar vigilando a nuestra pareja, más bien si tengo que vigilar a mi pareja, quiere decir que ahí no es.

Era sumamente importante explicarte esto antes de hacer nuestros decretos de amor, ya que puedes hacer todos los que quieras y no funcionarán si estás con la persona incorrecta o si eliges a la persona incorrecta.

Por eso antes de hacer decretos de amor tienes que pensar perfectamente bien qué es lo que tú esperas de una pareja, qué quieres de una persona a tu lado, qué es lo que deseas. Piénsalo.

Escríbelo en una hoja en blanco, escribe bien definido cómo quieres que sea ese hombre o esa mujer, cómo quieres que sea su comportamiento, cómo quieres que sea su trato contigo.

Después de escribir todo lo que deseas en esa persona pregúntate a ti misma o a ti mismo si tú también eres eso que pides, porque no puedes atraer a tu vida aquello que no eres.

Si tú pides una persona alegre y feliz entonces analiza si ya eres una persona alegre y feliz, si tú pides a una persona fiel, entonces analiza si tú eres fiel a tus sueños, a tus metas a tus objetivos.

Si tú eres fiel, entonces vendrá una persona fiel, no hay otra manera y esa es la forma en la que los decretos funcionan rápidamente, cuando todo está alineado.

También queremos hacerte un recordatorio muy importante. En esto del amor no podemos y no debemos decretar que una persona que tiene pareja o una persona que ya nos dijo que no nos ama lo haga sólo por el hecho de qué nosotros así lo queremos.

Eso va en contra de las leyes del universo, y por supuesto, va en contra de Dios.

El querer que otra persona nos ame a fuerza es querer controlar lo que esa persona desea.

Es como si tú empezaras a querer decretar que uno de nosotros se enamore de ti cuando tal vez ni siquiera te conocemos.

Va en contra de las leyes, porque yo ni siquiera te conozco, por eso es muy importante que en los decretos de amor siempre respetes esta ley.

Sin embargo, si a ti, por ejemplo te gusta mucho una persona en particular que se llama Diego y él si te conoce y tú lo conoces, entonces por supuesto que puedes pedirle al universo y decir:

"Espíritu infinito, si Diego es para mí permite que nos enamoremos de forma mágica y perfecta.

Pero si Diego no es para mí, entonces trae a mi vida alguien similar que por derecho divino me corresponda".

Si te das cuenta en este decreto estamos respetando a Diego, estamos respetando que él es quien va a decidir y estamos respetando a Dios.

Al decirle en tu petición, *"Espíritu infinito, haz que mi esposo se vuelva enamorar de mí, que estemos enamorados y felices, si por derecho divino me corresponde seguir con mi esposo, que a partir de hoy todo marche de manera perfecta, pero si ya no me corresponde por derecho divino estar con él, entonces déjame conocer en mi vida a alguien similar".*

De nuevo en ese decreto, estamos respetando a nuestro esposo y estamos respetando las leyes de Dios.

Estamos poniendo en manos de Dios que Diego, o que mi esposo, o que esa chica determinada que me gusta, se enamore de mí si por derecho divino me corresponde.

Si no es así, créeme que Dios y el universo encontrarán a alguien similar que si te corresponda por derecho.

Una técnica que puede ayudarte para que tus decretos de amor funcionen mejor, es que cada vez que veas a una pareja de enamorados que tienen lo que tú quisieras, los bendigas en tu mente.

Tómate unos segundos para decir: *"En el nombre de Dios, bendigo a esta pareja que se ven muy enamorados y felices porque yo también me lo merezco".*

Funcionará para ti si haces simplemente esa técnica con cada pareja de enamorados o cada pareja feliz que veas a tu alrededor, cuando vayas caminando, cuando vayas manejando, en tu trabajo o donde quiera que estés.

Solo te toma 10 segundos bendecir a esas parejas felices. Cada vez que lo haces te acercas a kilómetros y a una velocidad extrema a que también la pareja que va a ser feliz contigo llegue.

Cuando esto sucede así, estás ayudando demasiado a tus decretos que se hagan realidad mucho más rápido.

Ahora comenzamos con los decretos de amor y de pareja:

"Me siento afotunad@, me siento feliz porque ha llegado a mi vida la pareja ideal para mí, me cuida, me quiere, me respeta y me hace sentir seguridad".

"Gracias Dios mío porque ha llegado a mi vida de la forma correcta y por los caminos perfectos".

"Ahora la duda, el miedo, el dolor del pasado se desvanece, ahora los caminos del amor verdadero se abren para mí; las puertas del amor están abiertas de par en par y entro con

gloriosa fe de la mano de Dios a un nuevo mundo donde se encuentra el amor que por derecho divino me corresponde".

"El amor de Dios fluye sobre mí y ese amor atrae solo personas de buen corazón".

"Yo amo a todo el mundo y el mundo me ama a mí, ahora se abren las puertas de la felicidad ante mí".

"Gracias espíritu infinito porque ahora la unión entre mi pareja y yo es perfecta, nada puede separarnos porque esta unión viene de lo sagrado, hemos sido unidos con las fuerzas del altísimo, el mismo Dios ha aprobado nuestra unión por lo tanto es irrompible".

"En mi vida, en mi cuerpo, en mis negocios, en mi familia y con mi pareja solamente el amor perdura".

"Todos los aparentes problemas y malos entendidos desaparecen porque donde existe el amor no puede existir la maldad, donde existe el amor los celos pierden, donde existe el amor los chismes se congelan y al final de todo siempre seguimos juntos".

"Cada persona tiene la bendición de Dios para encontrar el amor, cada persona tiene a alguien destinado para acompañarla en este camino de su vida".

"Cada quien con su cada cual y doy gracias al universo porque yo ya tengo mi amor conmigo, nos amamos, nos encontramos de manera perfecta el día y la hora que estaba escrito y estoy feliz por eso".

"Mi pareja y yo somos dos almas con un mismo pensamiento, dos corazones que laten como uno solo, compartimos los mismos sueños y aspiraciones, somos uno con Dios y con el universo".

"Gracias a Dios porque mi pareja y yo trabajamos arduamente juntos por un futuro mejor, esos sueños nos unen aún más y nos hacen estar más enamorados".

"Después de tanto tiempo de esperar ahora Dios hace milagros en mí y donde menos esperaba encuentro a la persona correcta, pareciera que salió de la nada, pero llegó en el momento perfecto, me siento feliz y doy gracias por su presencia en mi vida".

"Dios mío te pido que la persona que por derecho divino me corresponde, llegue pronto a mi vida. Tú sabes el camino, el día y la hora, pero a partir de hoy abro bien mis ojos porque es probable que ya esté frente a mí porque Dios y el universo me han oído".

"Doy gracias porque la unión que se ha hecho en el cielo, se materializa ahora sobre la tierra y a mi pareja y a mí nada ni nadie nos puede separar. Estamos juntos por derecho divino".

"Yo soy uno indivisible con mi pareja, pensamos de la misma manera, actuamos de la misma manera y nos complementamos de forma perfecta y armoniosa en el nombre de Dios por lo tanto somos felices juntos e irradiamos alegría y paz".

"Mi pareja ha sido designada divinamente por Dios, por lo tanto no tengo que esforzarme para que esté conmigo".

"No tengo que mendigar amor en ningún momento, porque en todo momento está para mí, me busca me quiere y me extraña".

"Yo soy afortunado en el amor, sólo personas de buen corazón y de buenos sentimientos llegan a mi vida".

"Puedo darme el lujo de elegir a la persona que más haga conexión conmigo ya que mis opciones son infinitas, porque son las opciones de Dios y Dios ha puesto para mí un ramillete de personas buenas y amorosas para que yo pueda elegir y elijo la correcta".

"Gracias Dios mío, porque el amor está tocando a mi puerta y yo estoy lista para recibirlo, lo había estado esperando tanto tiempo y por lo tanto mi felicidad ahora que ha llegado es infinita".

CAPÍTULO 6
Decretos de Perdón

CAPÍTULO 6
Decretos de Perdón

"Todo el mundo me perdona y yo perdono a todo el mundo, me encomiendo a la ley del perdón, me encuentro libre de errores y de los resultados de todos ellos".

"Me refugio bajo la gracia y no bajo la ley kármica, ahora me vuelvo más blanco que la nieve, incluso si mis errores fueron rojos".

"Yo soy una persona que perdona, cierro esos ciclos y avanzo, por lo tanto si alguien tiene un rencor contra mí, también me perdonan fácilmente".

"Como ser humano he sido dotado con la cualidad del perdón, así que toda persona que

me haya hecho daño alguna vez en mi vida, la perdono la suelto y cierro ese ciclo en el nombre de Dios, y si yo he hecho daño a alguien pido perdón al espíritu infinito y sé que soy perdonad@ porque ante el espíritu infinito y ante Dios solamente el amor existe".

"Aquella persona que tiene rencor contra mí ahora me perdona, retirándome todo sentimiento de culpa y todo karma, liberándome de todo dolor del pasado".

"Ahora estoy en paz con todos y todos están en paz conmigo".

CAPÍTULO 7
Decretos de Sabiduría

CAPÍTULO 7
Decretos de Sabiduría

El ser humano más sabio que existe es aquel que sabe callar cuando debe callar, es aquel que sabe reclamar cuando tiene que reclamar y es aquel que sabe alejarse cuando tiene que hacerlo.

El sabio sabe perfectamente que no puede ganar una discusión, la única manera de triunfar en una discusión es alejándose de ella.

El sabio entiende que la felicidad verdadera del ser humano viene de adentro y no de afuera.

Entiende que cada vez que ponga su felicidad en las manos de otros, podrán hacerla pedazos y lo harán.

Es sabia aquella persona que al finalizar una relación amorosa en lugar de quedarse con el rencor y con los últimos momentos vividos se queda con lo bonito, se queda con las bendiciones, se queda con las cosas buenas que hicieron juntos.

Eso bonito que vivieron lo pone en en su mente, dejando de lado y soltando lo negativo.

El sabio siempre tiene paciencia, si empieza a hacer ejercicio, sabe que los resultados vendrán con la constancia.

Si empieza ahorrar dinero, sabe que podrá invertir y ganar más dinero cuando haya ahorrado lo suficiente y tendrá paciencia para ello.

El sabio prefiere no elegir a cualquier persona y prefiere tener paciencia hasta que llegue la persona que realmente llene sus expectativas y tengan conexión.

Es sabia la persona que para tomar decisiones importantes en la vida, se aleja de todos, se encierra en su cuarto o se va a un bosque a caminar en soledad, despeja su mente y entonces toma las decisiones más acertadas.

A continuación, algunos decretos de sabiduría:

"Entre la copa adecuada y los labios adecuados no existe ninguna distancia, por lo tanto lo que es para mí, por derecho divino ahora llega de manera perfecta".

"Jamás voy a mirar hacia abajo, porque sé que si miró hacia abajo el miedo me impedirá brincar, así que cuando estoy seguro de algo, simplemente voy y lo hago sin preguntarle a nadie".

"Dios se manifiesta en mi vida en sitios insospechados, con personas inesperadas, en momentos imprevistos, pero siempre de manera perfecta".

"En este momento, decido amar a todos y a todas por igual sin esperar nada a cambio, sin querer cambiarlos, sin juzgarlos y al momento que hago esto todo ellos me adoran".

"Hoy soy una persona que jamás cuestiona sus presentimientos, siempre que tengo una corazonada la sigo hasta el final porque sé que las mejores ideas y las pinceladas de éxito vienen de la intuición y la intuición es Dios".

"Ahora comprendo perfectamente que antes de que salga el sol es cuando está más oscuro, por lo tanto cada vez que tengo adversidades y problemas fuertes en mi vida los decreto como un éxito rotundo, ya que sé que el sol siempre vuelve a aparecer y generalmente después de una tormenta aparece aún con más brillo y resplandor.

"Yo soy una persona de fe y entiendo que la fe es acción, a partir de ahora cada vez que tengo una idea voy y la hago con fe".

"Tomo acción en mi vida. Si quiero casarme compro antes el vestido de bodas, aunque aún no tenga pareja; si quiero que llueva entonces primero adquiero un paraguas, entendiendo que la fe es un acto que tengo que realizar antes de ver mis deseos hechos realidad".

"Ahora entiendo perfectamente que todos mis pensamientos positivos y de amor verdadero traen consigo la raíz de un próximo éxito en mi vida, por eso cuido mucho lo que pienso, lo que digo y lo que siento".

"En ningún momento dejo de creer porque sé que en cualquier momento mis peticiones se manifestarán".

"Cada cosa que haga a los demás sé que me la estoy haciendo a mí mismo, por eso solamente doy amor, alegría y ayudo a quien más puedo".

"Yo sé que nada bueno le será arrebatado a aquel que camina correctamente, es decir, aquel que tiene buenas acciones al final recogerá los buenos frutos".

"La mentira y la hipocresía dejan a su paso desdicha e infortunios, el sendero del pecador es cruel, el mal no tiene poder, el mal, no existe".

"Creer en fuerzas oscuras únicamente nos puede llevar al vacío, por eso en lo único que creo es en Dios y en el amor".

"Yo soy un imán de la buena suerte porque cuando mis pensamientos quieren ser negativos, pongo a todo volumen una alabanza para Dios y los hago callar".

"Hoy no dependo de nada, ni nadie. Sé que soy suficiente, Dios me ha hecho a su imagen y semejanza, por lo tanto, tengo todo lo necesario para la felicidad, para la abundancia, para la riqueza y para el amor".

"Estoy cumpliendo cada momento la voluntad de Dios y sé que su voluntad es sembrar alegría, entusiasmo, amor en este mundo en cada persona que se cruza conmigo, todo lo que estoy haciendo lo hago con pasión, lo mejor que puedo y sin esperar nada a cambio".

"Ante el espíritu infinito nunca es demasiado tarde para transformar mi vida".

"No importa la edad que tengo, en tan sólo un año de la mano de Dios puedo ser más feliz de lo que he sido en toda mi vida".

CAPÍTULO 8
Decretos de Fe

CAPÍTULO 8
Decretos de Fe

La esperanza ve hacia el futuro, la fe sabe que ya ha recogido los frutos por lo tanto actúa en consecuencia, la fe es la certeza de aquello que no se ve.

Siempre es muy importante excavar los pozos.

Esto lo que significa es que siempre hay que estar preparados para recibir aquello que hemos pedido en oración ya que esto indica una fe dinámica que provoca en sí la manifestación.

A tu alrededor, siempre habrá personas que traten de bajarte los ánimos que traten de hacerte creer que la fe no sirve para nada, que

Dios no existe o que estos son solamente cuentos de hadas.

Sin embargo, cuando tienes una fe inquebrantable, nada ni nadie podrá hacerte dudar y tus manifestaciones hablarán por ti y callarán bocas.

Muchas personas no logran manifestar sus sueños y hacer sus deseos realidad porque simplemente terminan escuchando a los demás a su alrededor, terminan cayendo en el miedo y el miedo es absolutamente la otra parte de la fe.

Si tienes miedo, simplemente no puedes tener fe y debes tener mucho cuidado porque la gente a tu alrededor tiene mucho miedo y tratarán de contagiarte.

Cuando tú tienes un sueño, una meta o has pedido algo en oración y estás actuando con fe, lo mejor es siempre guardarlo para ti misma o para ti mismo, sin contárselo a nadie así evitarás que metan su cizaña y su miedo y tu manifestación se logrará más fácilmente.

Cuándo una persona a tu alrededor, cree que tú no podrás lograrlo, tendrás que luchar contra esa negatividad.

Es por ello que debes rezar a Dios y hacer oración en silencio y en soledad, sin contarle a nadie. No tienes por qué decirle a los demás lo que estás haciendo hasta que tus mismas manifestaciones hablen por tí,

Debes rezar a Dios en secreto y Dios te recompensará en público.

Ahora algunos decretos de fe:

"Yo soy uno con Dios y con el universo y todo lo que hago es un éxito rotundo, a veces solamente tengo que esperar un corto tiempo para que todo lo que he pedido en oración se manifieste porque desde que estoy de la mano de Dios, el universo y el espíritu infinito siempre me dicen si".

"Tal cual, como la aguja de una brújula siempre termina por apuntar hacia el norte, aquello que *por derecho divino me corresponde siempre regresa hacia mí, por lo tanto yo soy el Norte".*

"Estoy amarrado a un cordel magnético, a todo aquello que me pertenece por derecho divino en abundancia, felicidad y salud y nada puede desatar este cordel que ha sido amarrado por el mismo Dios".

"La voluntad de Dios se cumple en mí y en todos mis asuntos, el momento de su reino ha llegado y su voluntad siempre ha sido el amor, la felicidad, la abundancia y la salud eterna".

"Cualquier proyecto que no ha concebido mi padre Dios en el cielo para mí, aquí en la tierra se viene abajo y se diluye; si algo de lo que deseo no es para mí se desvanece rápidamente y lo agradezco, porque sé que Dios y el universo tienen algo mejor, el plan divino".

"Lo que Dios ha designado para mí, nada ni nadie me lo pueden quitar, mi fe está segmentada sobre una roca sólida e inamovible".

"Los anhelos de mi corazón se realizan ahora bajo la gracia y por los caminos perfectos".

"Ahora puedo visualizar mi bienestar en un camino libre donde todas las puertas de la abundancia están abiertas de par en par para mí".

"Todo lo que hago y todo lo que emprendo lo hago sin miedo porque sé que va de la mano con Dios y el espíritu infinito y sé perfectamente que si aquello que deseo no funciona, es porque Dios tiene algo mejor para mí".

"Hoy baño mi desierto con fe y rápidamente florece como un rosal".

"Ahora aplico mi inquebrantable fe de tres formas: por medio de la palabra, mis pensamientos y mis acciones".

"Ahora siempre permanezco estable y firme, dando gracias de antemano porque sé que mi bienestar y mi buena suerte ya viene en camino por lo tanto estoy en paz".

"Estoy en calma, estoy en espera de las bendiciones del señor, sé que mis peticiones para Dios son sencillas y sé que el momento de hacerlas realidad es ahora".

"Ahora tengo conmigo la valerosa fe de Cristo, por lo tanto cuando un obstáculo quiere venir a mi vida, rápidamente se desvanece ya que si Dios está conmigo, nadie puede estar en contra mía".

"En este momento compro la podadora de lo que será próximamente el gran jardín de mi casa, aún no tengo mi casa, aún no tengo el jardín, pero ya tengo la podadora. La podadora es la prueba de fe máxima en mi Dios".

"Los pensamientos negativos se alimentan del miedo, pero la fe en Dios los hace morir de hambre".

"Tengo total confianza en Dios y Dios tiene total confianza en mí".

CAPÍTULO 9
Decretos de Pérdidas

CAPÍTULO 9
Decretos de Pérdidas

En este capítulo vamos a hablar de cualquier pérdida ya sea una pérdida emocional, económica amorosa, algún objeto perdido, incluso pérdida de autoestima o amor propio.

Los decretos funcionarán y podrás utilizar el que más resuene dentro de tu corazón.

La pérdida es una situación a la cual todos los seres humanos nos tenemos que enfrentar, es inevitable, no ha habido un solo ser humano que pise la tierra que no haya tenido pérdidas.

Esto así debido a que las pérdidas son parte de la vida y las personas que sueltan más rápido una pérdida, son aquellos que también más rápido, el universo y Dios les compensará.

Ante la pérdida siempre tenemos dos opciones. La primera es para los seres humanos avanzados, que son sabios en la vida y toman la pérdida como algo que nos sucede a todos,

Por lo anterior, no se victimizan mucho tiempo en superar esa situación, rápidamente, crean sus decretos sobre la pérdida, los repiten constantemente con amor y superan ese dolor 90 veces más rápido que los demás.

Pero también existe la segunda opción, los seres humanos que no han entendido que la pérdida es parte de la vida y ellos sufrirán mucho tiempo depresión, angustia, dolor en alma, dolor de cabeza, etc.

Todo esto es porque no aceptan las pérdidas.

Sin embargo, deben aprender que cuando aceptas la pérdida y decretas nuevas cosas por venir, esas pérdidas se puede convertir incluso en algo maravilloso en la vida.

Pongamos un ejemplo sencillo de una pérdida muy común.

Una amiga nuestra había perdido una pluma muy valiosa de plata en un teatro, algo que para ella era inaceptable, por eso buscó esa pluma por todos lados y cuando notó que no iba a encontrarla, rápidamente hizo el siguiente decreto: *"Rechazo la pérdida, pues en la mente divina no se conciben las pérdidas, por lo tanto no puedo perderla, mi pluma regresará o conseguiré su equivalente".*

Pasaron varios días después de que hizo su decreto con mucha fe, ni siquiera tuvo que repetirlo varias veces sólo lo dijo una vez y entonces en la calle de la nada, se encontró a una amiga que no veía desde hace mucho tiempo que llevaba en su cuello una cadena con una hermosa pluma de oro.

En ese momento, nuestra amiga dijo en voz alta: *"Mira, Dios me ha respondido, aquí está la pluma que por derecho divino me corresponde y es porque la pluma de plata no era lo suficientemente buena para mí, yo me merecía una de oro".*

En ese momento se dio cuenta que lo había dicho en voz alta, su amiga se sorprendió y dijo

"¿Quieres mi pluma?

Tiene tanto tiempo que no te veía que con gusto te la regalo, aparte parece que la deseas con todo el corazón y regalártela seguro me traerá bendiciones a mí".

En ese momento nuestra amiga se disculpó con ella y le dijo, *"Perdona, me dejé llevar por la emoción de ver tu pluma, hace poco perdí una de plata y me emocionó ver la tuya de oro".*

Su amiga le dijo: *"No te preocupes por eso, por alguna razón nos encontramos y esta pluma de oro tiene que estar en tus manos".*

Este simple ejemplo nos demuestra que cuando hacemos un decreto con fe y con amor en el momento perfecto se hace realidad en nuestra vida por los caminos correctos.

Pero recordando siempre que los caminos de Dios son inciertos, nuestra amiga nunca hubiera pensado que se iba encontrar a esa persona y que esa persona tendría una pluma aún mejor que la de ella, menos aún que esta persona querría regalársela, por eso debemos dejarnos guiar por Dios, ya que sabe dónde cuándo y con quién.

Decretos de Pérdidas:

"La mente divina no concibe las pérdidas, por consiguiente todo lo que me corresponde por derecho divino nunca puede perderse y si llega a desaparecer siempre me es devuelto con algo mejor".

"Cuando aparentemente has perdido algo, debes tener fe en la inteligencia infinita: yo decreto que tengo fe ciega en el espíritu infinito y que aquello que aparentemente perdí regresa a mi multiplicado en los tiempos de Dios perfectos".

"Yo siempre me guío por el espíritu infinito y Dios que me llevan por los caminos perfectos, toda

persona que no está destinada por el universo para mí, hoy se pierde en el abismo y sólo las personas que por derecho divino me corresponden llegan a mi vida y la hacen mejor".

"Yo acepto desde el fondo de mi corazón que en la vida también la muerte es una parte fundamental, por lo tanto, entiendo que esa persona que tanto amaba y ya no está en este plano terrenal está en un lugar mejor".

"Me quedo con lo más hermoso que vivimos juntos y dejo que avance a un plano espiritual, al mismo tiempo yo hago de mi vida una experiencia magnífica".

"Yo soy salud, abundancia, prosperidad y amor, por lo tanto solamente atraigo a mi vida, salud, felicidad, prosperidad y amor y bendigo cada aparente pérdida la nombro como éxito rotundo ya que cada adversidad trae consigo la semilla de frutos mejores".

CAPÍTULO 10
Decretos de Deudas

CAPÍTULO 10
Decretos de Deudas

Una vez una mujer se acercó a nosotros al terminar uno de nuestros eventos en vivo diciéndonos que había un hombre que hace mucho tiempo le debía mucho dinero y no podía lograr que le pagara.

Entonces, nosotros le dijimos que lo más importante es actuar sobre ella misma y no sobre su deudor y le indicamos que debería utilizar el siguiente decreto: *"Me rehúso a aceptar cualquier deuda, en la mente divina no existen las deudas, por lo tanto, nadie me debe nada yo envío mi amor y mi perdón y mis bendiciones a este hombre".*

La siguiente semana, la mujer recibió una notificación respecto de que este hombre había decidido hacer un plan para al fin pagar su deuda y en los siguientes meses toda esa deuda había quedado liquidada.

Ahora bien, si tú eres quien debe el dinero, el decreto debe ser el siguiente: *"En la mente divina no existen las deudas por consiguiente, no le debo nada a nadie. En el universo todo está en orden, en este momento todos mis compromisos se han esfumado bajo la gracia y de una manera milagrosa".*

Decretos de deudas:

"Me rehúso a aceptar la deuda porque en la mente divina no existen las deudas, por lo tanto no le debo a nadie y nadie me debe nada a mí. Todo está saldado en el nombre de Dios".

"En este momento me han quitado todos mis compromisos de deuda en nombre de Dios, y bajo la gracia niego la deuda, por lo tanto la deuda desaparece de manera perfecta".

"Yo soy perdonado por todas mis deudas en nombre de Dios y del espíritu infinito y yo también perdono a toda persona que tenga una aparente deuda conmigo porque ahora todo está en orden, no debo ni me deben".

CAPÍTULO 11
Decretos de Ventas

CAPÍTULO 11
Decretos de Ventas

Durante mucho tiempo, hemos utilizado los decretos que tienen que ver con ventas para lograr que nuestros negocios fluyan y funcionen de una manera espectacular.

Por eso hemos decidido poner en este libro algunos de esos decretos que más funcionan sea lo que sea que vendes.

De hecho todos los seres humanos en todo momento estamos vendiendo algo. Así que estamos seguros que estos decretos serán de mucho provecho para ti.

Una vez una mujer que vivía en una provincia quería vender su casa y sus muebles, pero no era buena época para vender, era invierno y generalmente en invierno donde ella vivía se llenaba de nieve, lo que hacía muy difícil transitar.

Debido a esta situación no había personas nuevas que llegaran al pueblo, mucho menos que llegaran hasta su casa para por lo menos ver la vivienda o intentar comprarla, lo cual parecía imposible.

Sin embargo, ella no le daba importancia a las apariencias ya que le había pedido a Dios que su casa y sus muebles se vendieran a la persona correcta en un precio justo.

Ella actuó con mucha fe, limpió todos sus muebles y los puso al centro de la sala para que pudieran ser exhibidos, ella nos comentó que en ningún momento estaba pensando si había mucha nieve o si a las personas les sería imposible llegar a su domicilio,

Simplemente se dispuso a vender con fe y con mucha calma, la clave de todo esto es que ella tenía la seguridad que todo se vendería de manera perfecta por los caminos correctos de Dios; hizo su trabajo y simplemente se sentó a esperar.

En menos de lo que ella hubiera pensado empezaron a llegar varios posibles clientes, y en menos de una semana prácticamente había vendido todos sus muebles y también su casa.

Cuándo tú tienes fe, no estás pensando en todo lo negativo o todo lo imposible que podría pasar para que tus sueños o lo que deseas no se haga realidad, al contrario, la fe nunca está viendo lo negativo simplemente actúa y espera que su deseo se realice, eso es verdadera fe.

Decretos de Ventas:

"Doy las gracias porque esta cosa o este bien ahora va a ser vendida a la persona adecuada a un precio justo dejando satisfechos al comprador y a mí".

"Yo soy un vendedor(a) espectacular, incluso aquello que parece imposible de vender, si es puesto en mis manos, será vendido".

"Mis ventas ahora están creciendo de manera exponencial, todo lo que toco se convierte en oro puro y todo lo que vendo ayuda a las demás personas en muchos aspectos de sus vidas, por lo que ambos ganamos".

"En las ventas, siempre soy honrad@ y sincero porque sé que todo lo que vendo es de buena calidad y ayuda a los demás, siempre doy lo que deseo recibir y eso hace una cadena de ventas exitosas para mi negocio".

"Mi negocio está repleto de clientes, los teléfonos no paran de sonar y los depósitos llegan todos los días a mis cuentas bancarias. Mis ventas están a tope y subiendo cada vez más".

"Hoy todo lo que vendo lo hago con amor y en nombre de Dios y con eso llega a las personas correctas, en el momento perfecto por los caminos más insospechados y me dejo llevar, por lo que siempre hago caso a una corazonada y esa corazonada se convierte en cientos de ventas".

CAPÍTULO 12
Decretos de Entrevistas de trabajo

CAPÍTULO 12
Decretos de Entrevistas de trabajo

"En el plano espiritual no existen las competencias, aquello que es mío me será otorgado de manera perfecta bajo la gracia".

"Con amor, me identifico con el espíritu de esa persona o personas y Dios vela por mis intereses, ahora la idea divina se manifiesta en esta situación".

"Aquel trabajo o profesión que ha sido destinado por Dios y por el universo para mí, ahora se manifiesta en mi vida de forma perfecta, todo lo que es para mí se da fácil por los caminos correctos en insospechados de Dios.

"Ese trabajo o esa profesión que tanto anhelo, si es para mí, se da sin ningún esfuerzo y todo fluye a mi favor, pero si no es para mí, se desvanece".

"Yo sé perfectamente el trabajo que quiero, la profesión que quiero y cuánto dinero deseo ganar, por lo tanto, Dios y el universo ahora mismo están trabajando a mi favor para que eso suceda lo más pronto posible".

"En mi entrevista de trabajo, las personas que toman la decisión para que yo me quede con ese puesto, están a mi favor".

"Esas personas ven en mí todo lo que necesitan para cubrir esa plaza".

"Así en el nombre de Dios voy a la entrevista tranquilamente ya que todo lo que contesto viene de mi alma y de mi espíritu y al final todo sale bien para mí".

CAPÍTULO 13
Decretos de Destino Divino

CAPÍTULO 13
Decretos de Destino Divino

Para cada ser humano existe un plan divino, de la misma manera que en un madero se encuentra la imagen perfecta del mueble más fino, el plan divino de tu vida lo vas a encontrar en tu mente Súperconsciente.

No existen las limitaciones en el plan divino, solamente existen la riqueza, la felicidad, la alegría, la abundancia, el amor la salud y la manifestación perfecta de ti mismo.

En una de las tantas casas que nuestros hermanos y nosotros nos mudamos a lo largo de nuestra vida, alguna vez nos tocó una que estaba prácticamente amueblada.

Sin embargo, en ese tiempo, nosotros queríamos vivir muy bien como nunca antes y en una de las habitaciones sentimos, en el fondo de nuestro corazón, que teníamos que comprar una sala nueva.

Sabíamos que una sala nueva colocada justamente en ese lugar se vería maravillosa y nos daría demasiada buena vibración.

Tiempo después pasando por una tienda de muebles vimos una sala la cual sentimos que era la sala perfecta para ese lugar en nuestra casa.

Al preguntar el precio nos dimos cuenta de que no nos alcanzaba, ya que contábamos con menos del 50% del precio de la sala. Sin embargo, decidimos intentar negociar con el dueño del lugar.

Esta persona prácticamente nos dijo que la sala ya llevaba demasiado tiempo ahí y estaba dispuesto a bajar su precio por lo que nosotros habíamos ofrecido, lo cual parecía que era un milagro.

Es importante mencionar que en ningún momento nosotros queríamos estafar al vendedor de la sala, más bien teníamos un presupuesto limitado.

Sabíamos que Dios y el universo de manera perfecta nos iban a traer la sala que por derecho divino era para ese lugar en nuestra casa y que iba a llegar al precio perfecto.

Entonces, esa fe y esa tranquilidad de que eso iba a suceder es lo que hizo que sucediera.

Debes entender que lo que es para ti, no podrás perderlo por ningún motivo, ni tendrás que luchar por ello, simplemente fluirá de manera perfecta hacia ti.

Recuerda la palabra de Dios: *"Antes de que me llames te contestaré"*.

Eso significa que Dios sabe perfectamente cuáles son tus deseos, el problema es que muchas veces no los pides o no tienes fe.

El problema es que no crees que puedan suceder y en ese momento es como si le dieras la espalda al poder de Dios, ya que no creer que tus deseos pueden ser realidad es darle la espalda a Dios.

Recuerda la siguiente palabra de Dios: *"Si el señor no construye la casa, trabajarán en vano los constructores".*

Esto lo único que significa es:

Si Dios no edifica tu templo, si Dios no edifica tus ideas, si Dios no está en tus deseos, aunque los logres, no serás feliz

DECRETOS :

"Hago a un lado de mi vida todo aquello que no está destinado celestialmente para mí, ahora el plan divino de mi vida se lleva a cabo".

"Todo aquello que me corresponde por derecho divino jamás me será arrebatado, el plan divino

que Dios ha preparado para mí, tiene unos cimientos tan firmes que son inamovibles".

"Ahora mi cuerpo, mi mente y todos mis asuntos están coordinados bajo la gracia de Dios y el universo está conspirando a mi favor".

"El único poder que existe es el poder de Dios y ese poder está conmigo y como ese poder está conmigo el miedo no existe para mí".

"Solamente la fe, el amor y la alegría son parte de mi vida".

"Doy gracias porque ahora extraigo de la sustancia universal todo aquello que satisface los legítimos deseos de mi corazón, ahora el plan que Dios tiene para mi vida se ejecuta de manera perfecta. ¡Gracias Dios mío por tanto!".

"Todos mis talentos y virtudes que han sido dados divinamente por Dios solo para mí, ahora los ejecuto de manera perfecta y me retribuyen en dinero y en alegrías a mi vida".

"Ahora las puertas del cielo en la tierra se abren de par en par para mí, todas las buenas *oportunidades, el dinero y el amor que por derecho divino me corresponden aparecen frente a mí mágicamente".*

CAPÍTULO 14
Decretos de Salud

CAPÍTULO 14
Decretos de Salud

Una persona se siente saludable cuando tiene armonía dentro de su cuerpo, vive en paz y en tranquilidad y no odia a nadie. Bajo esas circunstancias no tiene rencor contra nadie.

De esa manera su salud siempre se incrementa. Ahora, si es al revés será una persona con muchos rencores, resentimientos, heridas sin sanar del pasado, con odio, celos, envidia.

Así será siempre un ser humano con muchas enfermedades.

Jesucristo afirmó: *"Con tu curación, tus pecados también son perdonados"*.

El rencor, la mala fe, la enemistad y el miedo, entre otros más, son aquellas verdaderas sustancias que devoran las células del cuerpo y contaminan la sangre.

El envejecimiento, la muerte y los accidentes siempre provienen de las falsas ideas mentales que creamos dentro de nosotros. Esos falsos pensamientos de que el mal existe.

En el momento en el que tú te veas a ti mism@ como Dios lo hace, en ese momento volverás a mostrarte como un ser de luz ante el mundo. Además, serás ajen@ a la enfermedad y a la muerte.

Recuerda que Dios te ha creado a su imagen y semejanza, por lo tanto imagínate, eres un ser perfecto radiante de vida.

Debes recordar que la mayoría de las enfermedades que sufre el ser humano vienen de su mente, vienen de la creencia en la enfermedad y en el mal y generalmente vienen de una correspondencia psicológica.

Por ejemplo, cuando tienes dolor en los ojos o algún síntoma esto viene de generalmente no querer ver tu presente, vivir mucho en el pasado o en el futuro, y no ver la realidad, no querer ver la verdad de tu vida.

Cuando tú tienes problemas de anemia estamos hablando de carencia, de felicidad y deseos que no se han cumplido.

Cuándo hablamos de problemas de cadera o de las piernas de no poder moverlas, estamos hablando de ser una persona a quien le cuesta mucho avanzar, soltar y cerrar ciclos.

Cuando hablamos de migrañas muy fuertes, dolor de cabeza constante, generalmente son personas que sobre piensan las cosas, le dan la vuelta una y otra y otra vez a los problemas.

Personas que no entienden un refrán muy sencillo que dice: *"Si el problema tiene solución, pues soluciónalo y si no tiene solución para qué te preocupas"*.

Si las personas que sufren de migraña y dolor de cabeza entendieran simplemente esto, más del 80% de ese dolor se curaría.

Cuando tienes problemas de oído y de sordera generalmente hablamos de una persona que tiene un carácter muy necio, personas que les cuesta mucho trabajo escuchar a los demás, personas narcisistas, que solamente su opinión cuenta.

Cuando hablamos de tumores en el cuerpo, hablamos de una persona que tiene celos, hostilidad para con los demás y para con el mundo y demasiado miedo.

Cuándo hablamos de enfermedades del corazón, hablamos de personas que han enfrentado en su vida desamor, decepciones y muchas veces de la gente cercana que se esperaría que serían quien más debía protegerlos y amarlos.

Algunos decretos de salud:

"El cansancio no existe ante la mente divina, nada me puede agotar porque ahora tengo la misma energía de Dios. Vivo en el reino de la felicidad eterna en donde estoy replet@ de salud y vivacidad".

"Mi cuerpo es un cuerpo eléctrico, lleno de vibración y energía por lo tanto en mi cuerpo no tienen cabida ni el cansancio, ni el dolor, ni la angustia, ni el sufrimiento".

"Yo vivo en el extraordinario ahora, vivo en el presente y ese presente se convierte en un regalo diario para mí".

"Soy uno con Dios y Dios es uno conmigo y en la mente divina no puede existir la enfermedad. Toda aparente enfermedad que llega a mi cuerpo se desvanece rápidamente".

"Tomo las medicinas y lo que me indican los doctores, pero con el pensamiento de que estoy bien y esas medicinas solamente me hacen sentir mejor de lo que ya estaba; mi pensamiento siempre es positivo".

"La felicidad eterna, la juventud eterna, la fortuna eterna viven en mi corazón y las irradio a todas las personas a mi alrededor, es por ello que incluso con mis buenos deseos y mis palabras puedo ayudar a sanar a otros".

"Yo soy un ser espiritual, por lo tanto en el espíritu no existe la enfermedad, mi fuerza interior no permite que ninguna enfermedad anide en mí".

"Cualquier enfermedad que viene a mi vida es muy pasajera, la gente a mi alrededor se sorprende de la facilidad y la rapidez con la que vuelvo a curarme".

"Simplemente paso cinco minutos directamente en el sol y siento como la energía de Dios y los rayos del sol son sanadores, penetran en cada célula de mi cuerpo curando, sanando, arrasando con cualquier tipo de mal".

"Ahora la luz de Cristo llena mis ojos, me convierto en la vista de Dios en el mundo, por lo tanto, toda aparente enfermedad de mis ojos es sanada. Ahora miró con claridad y todas las dudas desaparecen".

"Poseo la más bella y clara vista del espíritu, el cual puede mirar el mundo a través de mí, puedo ver que en mi sendero de la vida no hay obstáculos, todo el camino está libre, veo a lo lejos el paraíso y camino con fe hacia él".

"Puedo visualizar el cumplimiento de mis deseos más profundos, lo veo en la imaginación y los veo hechos realidad aquí en la tierra".

"Yo tengo la visión perfecta para ver a través de las aparentes dificultades, observo las adversidades y veo en cada una de ellas una semilla de algo mejor que está en camino para mi vida".

"Yo soy una persona de fe, puedo ver aquello que aún no se realiza en la tierra pero que ya viene en camino".

"Ahora vienen para mí esas bendiciones, ese dinero, esa salud perfecta, así que me pongo *content@ y recibo los dones de Dios, incluso antes de qué lleguen".*

"Mi vista es perfecta, mi vista es la del espíritu. Mi vista es cristalina, miró hacia arriba, hacia abajo y a mi alrededor ya que mi prosperidad y mi salud perfecta vienen de todos lados".

"Ahora mismo, yo soy un ser colmado de luz y de salud perfecta".

"Todas mis células son sanadas bajo la gracia y la bendición de Dios y del espíritu infinito, me siento bien, me siento con radiante energía, doy las gracias por mi resplandeciente salud y mi bienestar infinito".

"Mis oídos son los oídos del espíritu, puedo escuchar perfectamente todo lo que Dios quiere decirme, por lo tanto, mis oídos son un conducto totalmente libre entre la conexión del espíritu infinito y yo".

"Todo endurecimiento o malformación en mis oídos desaparece porque ahora por ellos fluye

la luz de la gracia de Dios y esa luz a su paso todo lo cura".

"Yo escucho de manera perfecta, tengo una audición perfecta, puedo escuchar a lo lejos, tengo un oído que ha sido restaurado por el espíritu infinito, ahora puedo escuchar muy bien incluso más que antes".

"Ahora fluye por mi mente la luz del espíritu infinito, la cual, diluye todos mis pensamientos negativos. Ahora yo amo a todo el mundo y todo el mundo me ama a mí".

"Deseo la salud perfecta para todos y todo aquello que deseo con el corazón regresa a mi multiplicado".

"Hoy en mi vida es arrancado de raíz todo tumor que Dios no ha sembrado en mí, todo aquello que no pertenece a mi cuerpo naturalmente desaparece como por arte de magia y de hecho es la magia del espíritu".

"Ahora la luz súper poderosa de Cristo se introduce en ese aparente tumor y desde dentro *lo destruye hasta la raíz sin dejar rastro, como si nunca hubiera existido".*

"Mi corazón en este momento irradia una energía divina y late cada vez más fuerte al ritmo del poderoso universo, toda aparente falla en mi corazón es restaurada con la luz divina del espíritu infinito".

"Mi corazón es el órgano más radiante de mi cuerpo, late con fuerza sin miedo y manda torrentes de sangre por todo mi cuerpo llenos de energía divina, la luz de Cristo fluye por cada vena de mi cuerpo, haciéndome poderoso y lleno de brillo".

CAPÍTULO 15
Decretos de temas variados

CAPÍTULO 15
Decretos de temas variados

En este capítulo principalmente vas a encontrar varios decretos y reflexiones que te van a ayudar con temas cotidianos de la vida,

Diferentes decretos que puedes utilizar en diferentes situaciones que muchas veces nos pasan, así que disfrútalo, pero sobre todo ponlo en práctica cuando lo necesites.

En nuestro camino como seres humanos, siempre vamos a hallar a un guía espiritual.

Te ponemos un ejemplo, conocimos a una mujer que debido a su desafortunada situación siempre tenía muchos problemas, por lo tanto, siempre repetía: ¿acaso mi mala suerte nunca se va a terminar? ¿acaso todo seguirá saliéndome mal?

Su sirvienta siempre la escuchaba quejarse de todo, entonces un día platicando con ella, decidió contarle un poco de su historia.

La sirvienta le contó que en un hotel que había trabajado conoció un jardinero demasiado amable y agradable que siempre le contaba cosas graciosas.

Una vez había estado lloviendo varios días y le preguntó al jardinero si creía que el cielo en algún momento se iba a aclarar a lo cual el jardinero respondió: *"Pero claro que sí, ¡por supuesto,! simplemente tienes que recordar el pasado cuando hubo tormentas, recuerdas que al final siempre volvió a salir el sol".*

Tienes que entender que las cosas siempre terminan por mejorar, siempre vuelve a salir el sol.

Después de la mayor oscuridad viene la claridad máxima, así que cuando estamos viviendo en problemas o adversidades fuertes, no debes quitar de tu mente que eso es sólo una señal de que viene algo nuevo y mejor para ti, que volverá a brillar la luz en la oscuridad.

Los elementos que existen sobre la tierra, el agua, el fuego, el viento; todos ellos pueden ser manipulados por los seres humanos ya que Dios te ha dado la habilidad para hacerlo y una de las principales herramientas es a través de tu palabra, a través de tus decretos.

Es por eso que en diferentes tribus y culturas el ser humano hace diferentes rituales para manipular el viento, la marea, la lluvia y los fenómenos naturales.

Muchas veces una danza alrededor del fuego cantando ciertos decretos, puede lograr que la lluvia caiga sobre las cosechas y esto se ha comprobado a través de la historia de la humanidad.

Debes entender que todas aquellas personas que logran manipular los elementos con decretos, con sus palabras y con su energía, son personas que no tienen miedo, son personas que no tienen duda, son personas que tienen una fe inquebrantable.

Es por ello que en algún momento de tu vida, si es necesario, vas a poder manipular con los decretos correctos el fuego, el aire, la tierra, el agua.

Debes tener presente siempre la ley de la no resistencia.

Un ejemplo de esta ley es el siguiente: una mujer que estaba muy enamorada de un hombre que tenía dos hijas, esta mujer siempre envidiaba y odiaba a las hijas porque parecían tener más atención que ella.

Al final del tiempo terminó separándose de ese hombre y unos años después conoció a otro hombre que también le gustaba mucho y lo amaba y que por desgracia también tenía dos hijos, sin darse cuenta la mujer, al tener odio por los hijos de sus parejas siempre atraía nuevas parejas que tuvieran hijos.

Es por eso que no debes resistirte a nada, porque a lo que te resistes persiste. Esto se elimina con la aceptación y la bendición.

Aceptar y bendecir a los hijos de tu pareja para que incluso los hijos de tu pareja desaparezcan, es decir, se vayan a estudiar, tengan proyectos en otros lugares, etc. porque simplemente no te resistes, más bien fluyes.

Todo aquello a lo que le pones tu energía tarde o temprano se materializa en tu vida, como en el ejemplo anterior, le ponía energía a los hijos de sus parejas y todas las parejas que elegía tenían hijos a quienes les hacían más caso que a ella.

¡Si quieres que algo desaparezca de tu vida tienes que quitarle tu atención por completo!

Así entonces una persona que siempre habla de problemas, de deudas, de enfermedad, de todas las veces que ha tenido que levantarse desde abajo, de todas las enfermedades que ha tenido, de todas las personas que lo han tratado mal, mientras más habla de eso más lo manifiesta y más problemas, enfermedades y deudas llegarán a su vida.

Cuándo escuchas hablar a una persona, en ese momento entiendes de qué está hecha, es decir, alguien que habla de deudas, de enfermedad, de dolor, de un gobierno de forma negativa, alguien quien habla de sus padres de forma negativa, de sus hijos, de un amigo que no está presente en la conversación, alguien que habla solamente pestes de los demás, es una persona de la cual tienes que cuidarte mucho o incluso huir rápidamente, porque eso que habla es lo que tiene en su interior.

La otra parte de la moneda son las personas que siempre hablan de prosperidad, de amor, de salud, de alegría, de qué todo va a estar bien.

Nos referimos a personas que por ejemplo, si les falta dinero lo que escuchas de sus palabras es: *"De todas maneras siempre me va bien, así que seguramente algo va a pasar, Dios siempre siempre me protege, nunca me abandona y el dinero siempre llega al final".*

Si te das cuenta estas palabras, son palabras de fe, es una persona que vale la pena tener cerca en tu vida, porque sabes que va a animarte e impulsarte cuando lo necesites.

Decretos :

"Espíritu infinito, proporcióname la sabiduría necesaria para siempre extraer el máximo beneficio de las oportunidades que la vida me da, nunca me dejes caer en la trampa del desánimo, de la angustia, de los celos o del miedo, Dios mío, siempre concédeme la guía para tomar los caminos correctos".

"Ahora, Dios marcha delante de mí, en mi camino, por lo tanto me defiende de todo y es mi proveedor de todo, no puedo temer a nada ni a

nadie porque Dios va unos pasos al frente de mí, cuidándome".

"Yo soy paciente y agradecido, ahora no apresuro nada y entiendo que los tiempos de Dios son perfectos, camino con calma, pero con pasos seguros siempre de la mano de Dios, y al final llego a mi destino de manera fácil en el momento idóneo".

"En el espíritu infinito no existen los misterios ni los secretos, por lo tanto, en el momento de mi vida que necesito que algo se me revele, se presentará ante mí".

"Ahora me encuentro envuelto por la clara luz de Cristo, la cual ilumina mi camino y me lleva por senderos de oportunidades que yo jamás habría imaginado".

"En la mente divina no existe la pérdida de memoria, por eso aquello que he de recordar lo recuerdo y todo lo que no es para mi bienestar, lo olvido".

"En la mente divina mi mascota es un ser perfecto nacido de la gracia de Dios con salud perfecta que contiene en su corazón la chispa de la energía divina, la cual la irradia en todo momento, llenando de alegría y felicidad cada lugar donde se encuentra".

"Doy las gracias por este maravilloso viaje en el cual Dios me ha acompañado en todo momento, ha sido un viaje maravilloso lleno de sorpresas, bendiciones y milagros".

"Este viaje lo hemos hecho en el momento perfecto con los recursos que divinamente llegaron a mí".

"Todo el dinero gastado en este viaje ayuda también a otras personas que brindan sus servicios y productos, y al ayudarles, ese dinero que gasto regresa a mi multiplicado".

CONCLUSIÓN:

Este libro sin lugar a dudas tiene el poder de realizar milagros en la vida de cada persona que se proponga realmente y de corazón aplicar estos decretos poderosos en cada uno de sus deseos.

Aquellos deseos que vienen desde el fondo de su corazón.

Recuerda que Dios y las fuerzas universales, siempre vendrán en tu ayuda cuando tus sueños realmente vienen de tu espíritu, de tu alma, de tu verdadera esencia.

Porque hay deseos del ser humano que son vanos, que no vienen de su corazón y que por el contrario, vienen del ego, ó más bien son deseos de otras personas.

Muchas veces tú los quieres hacer realidad para callar bocas o cosas de ese estilo. Todo ese tipo de deseos no se harán realidad y si así llegara a suceder traerán infelicidad a esa persona o en este caso a ti que estás leyendo este libro.

Por ello asegúrate que aquello que deseas manifestar en tu vida viene del fondo de tu corazón.

Asegúrate que aquello que deseas va a ayudar también a otras personas.

Una de las fórmulas más importantes de este maravilloso libro es que en la medida que tus deseos pretendan ayudar a otros, dejar una huella positiva en otros, en esa medida tus deseos se harán realidad más rápido.

De esta forma llenarán de satisfacción al mundo y si tú le das satisfacción al mundo, el mundo te lo compensará de regreso.

Este es un Boomerang interminable en el que mientras más das, tus deseos también se enfocan en los demás y más se te regresa multiplicado.

Si realmente este libro ha tocado tu corazón, te ha inspirado, te ha acercado un poco más a Dios, te ha hecho entender un poco más las leyes universales y realmente ha comenzado a realizar milagros en tu vida, no dudes en regalar un ejemplar a la gente que amas.

¡Imagina cuánto puedes contribuir con eso a tus sobrinos, a tus hijos, a tu padre, a un amigo, a tu pareja!

Gente que tú sabes que este maravilloso ejemplar puede darles ese pequeño empujón de fe que muchas veces les falta para manifestar sus deseos y sus sueños y qué mayor regalo que el que viene del alma y del corazón.

Cuándo tú manifiestas un milagro en tu vida, a partir de ese momento no debes parar por ningún motivo.

Si manifestaste con algún decreto una amistad, una pareja, una cantidad de dinero, un auto, salud, bienestar para tu familia; lo que hayas manifestado es la prueba de que ya no debes parar y tienes que seguir manifestando. Incluso esto se convierte en una pasión.

Es como un juego emocionante, te das cuenta que estás en esta vida para jugar a manifestar y entonces dices ya manifesté este auto, pero ahora ¿qué más puedo manifestar?

¡Quiero manifestar la salud de mi hijo enfermo!

Entonces trabajas en tus decretos y una vez que tu hijo está saludable dices:

"Ahora quiero manifestar que mi emprendimiento tenga éxito y así el juego continúa hasta el día que abandonas esta maravillosa tierra".

Como siempre se los decimos en nuestros eventos en vivo, tú ahora mismo estás en el paraíso.

No hay otro, este es el paraíso la tierra donde puedes comer, oler, tocar, disfrutar, amar, sonreír; pero este maravilloso lugar, también le da la libertad a los seres humanos de elegir si lo quiere convertir en un infierno.

Entonces tu vida puede estar llena de tristeza, de dolor, de carencia, de enfermedad, de celos o de envidia, de odio.

Todo eso son simples decisiones que tomamos todos los días.

Así que cada vez que lees este libro debes recordar que tú decides si esta tierra se convierte para ti en un infierno o en el paraíso.

Si tienes un testimonio de éxito en el que utilizando nuestros decretos y afirmaciones, viendo nuestros videos, o asistiendo a nuestro show has logrado transformar tu vida de alguna manera, por favor envíanoslo vía inbox al Instagram: @sergiopancardoo

Ahí estaremos leyendo tu testimonio y lo vamos a compartir con millones de personas.

Con esto ayudas a muchos seres humanos a que se atrevan también a hacer un cambio en su vida y a manifestar milagros.

Porque los milagros de Dios son para todos, no hay distinción, no hay restricción alguna, todos somos hijos de Dios y el universo tiene maravillas para todos nosotros.

Recuerda que este libro lo puedes adquirir de manera presencial en nuestros eventos en vivo, también en Mercado Libre y en Amazon.

No olvides seguirnos en todas nuestras redes sociales como:

@hermanospancardo
@victorpancardo
@sergiopancardo

Nos encuentras en Instagram, en Tiktok, y en Facebook.

Si tienes una empresa o una institución y deseas inspirar o motivar a tu personal, a tus emprendedores o a los alumnos de una institución en específico; no dudes en contactarnos en el siguiente email: cotizacionesoci@gmail.com

¡¡ BENDICIONES INFINITAS !!

Made in the USA
Monee, IL
13 December 2024

73541323R00108